未来をはこぶオーケストラ

福島に奇跡を届けたエル・システマ

岩井光子

汐文社

目次

第1章♪だれでも大歓迎《だいかんげい》のオーケストラ……4
第2章♪日本にエル・システマがやってきた……22
第3章♪世界を広げてくれたエル・システマ……42
第4章♪百人の弦楽器《げんがっき》教室……55
第5章♪大きな家族のように……73
第6章♪しあわせがどんどん生まれる音楽……83
第7章♪ベートーベンとの出会い……103
第8章♪『マンボ』とかさなる風景《ふうけい》……126
第9章♪オーケストラという乗りもの……131
♬あとがき……144
♬ドゥダメルさんのスピーチ……150

第1章 ♪ だれでも大歓迎《だいかんげい》のオーケストラ

南アメリカの北部にベネズエラという国があります。日本からは、一度ほかの国に立《た》ち寄《よ》る飛行機《ひこうき》で二十〜二十五時間近くもかかる遠い国です。北はカリブ海、東は大西洋に面していて、南はブラジル、西はコロンビアという国に接《せっ》しています。野球が盛《さか》んな国なので、野球好《ず》きな人なら、プロリーグで活やくする野球選手《せんしゅ》の出身国というイメージがあるかもしれません。

ベネズエラは国土の半分近くが自然保護《しぜんほご》エリアで、ゆたかな自然《しぜん》に恵《めぐ》まれています。国のなかにはアマゾン川とつながるオリノコ川が半円をえがくようにゆうゆうと流れ、ジャングルが広がり、オリノコワニやアマゾンカワイルカといったこの地域《ちいき》にしかいない動物たちもくらしています。
南東部の山の奥地《おくち》には、まるで巨人《きょじん》が使うステージのように山頂《さんちょう》がまっ平らな「テーブルマウンテン」とよばれる岩山がいくつもあり、その一つから世界でいちばんの落差《らくさ》を誇《ほこ》る滝《たき》「エンジェルフォール」が流れ落ちています。一キロほどの長い距離《きょり》を落ち続《つづ》けるので、滝《たき》の水がとちゅうで霧《きり》に変《か》わってしまい、下まで届《とど》かないほどだと言いますから、ちょっと想像《そうぞう》を絶《ぜっ》するスケールです。ベネズエラと言えば、こういったゆう大な自然《しぜん》の美しさを思いうかべる人も多いかもしれません。

♪

さて、アビラ山ふもとの東西二十キロほどの盆地《ぼんち》に広がるベネズエラの首都カラカスというまちに目を移《うつ》してみましょう。南東部の山々とはがらりと雰囲気《ふんいき》が変《か》わって、人口約《やく》四百万人のにぎやかな大都市です。のっぽのビルに大きなショッピングモール、美術館《びじゅつかん》や博物館《はくぶつかん》、大学、広場などが目に入ってくる近代的《きんだいてき》なまちなみです。カラカスでのちょっとした移動《いどう》には、地下鉄がいちばん便利《べんり》です。

地下鉄に乗ると、なぜかバイオリンケースを持った子どもたちをいっぱい見かけます。小学校低学年《ていがくねん》くらいの子どもたちが多く、なかにはバイオリンケースが地面に触《ふ》れてしまいそうな背《せ》のちいさな子まで――。

注意して見ていると、子どもたちがぞろぞろと降《お》りていく駅があります。「コレヒオ・デ・インヘニエロス」という名前の駅です。一緒《いっしょ》に降《お》りて、子どもたちについていってみると、みんな駅からほど近い大きな建物《たてもの》に入っていきます。いったい何の建物《たてもの》でしょうか？

建物《たてもの》の入り口には「社会活動のための音楽センター」と書いてあります。なかに入ると、バイオリンの音色が聞こえてきます。リハーサル室では四、五さいのちいさな子から、高校生くらいまで、幅広《はばひろ》い年れいの子どもたちが集まって、オーケストラの練習をしています。和気あいあいと、心から楽しそうに音楽をかなでる様子は、まるで大きなファミリーと

♪ ベネズエラって、
どこだろう？

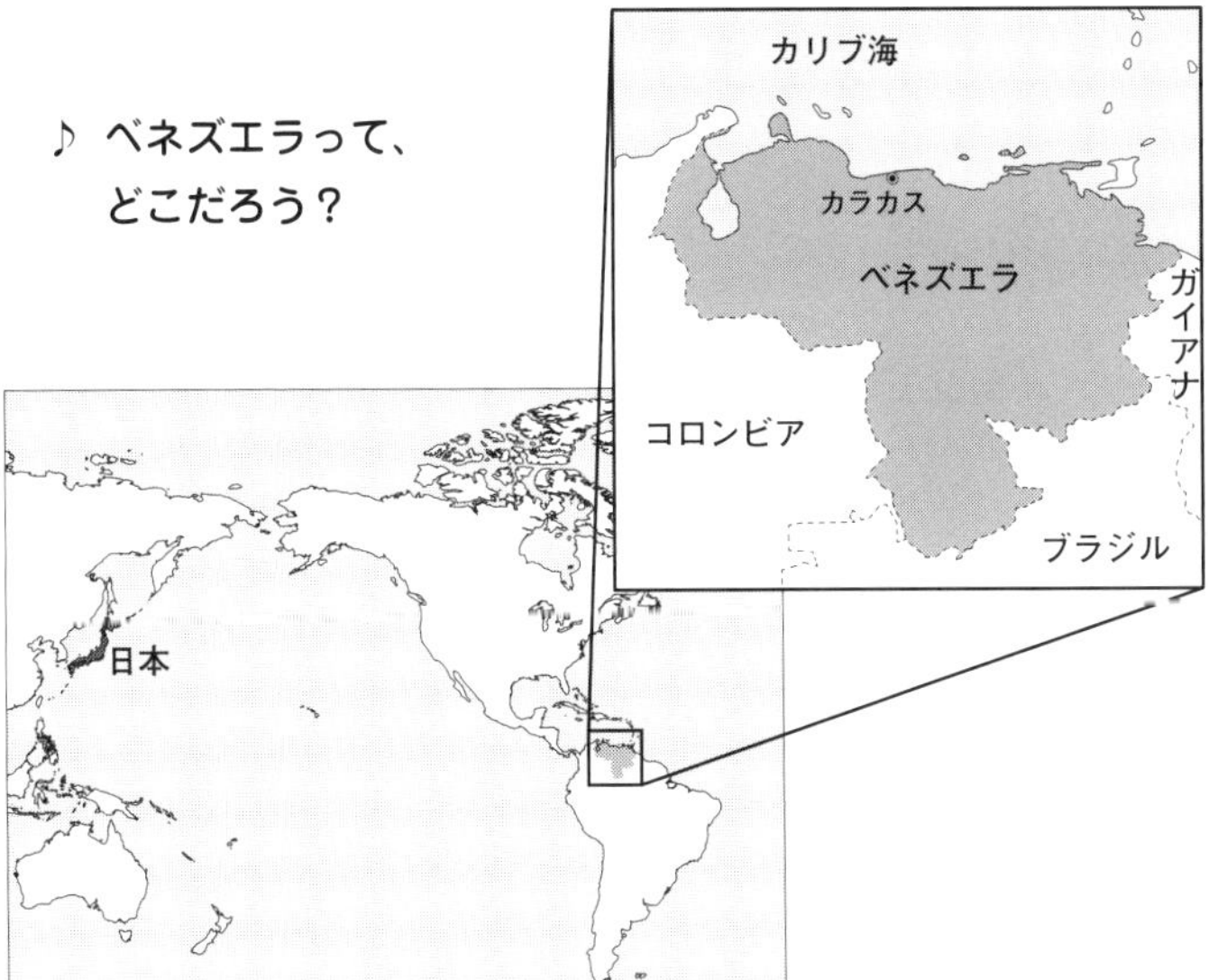

いった感じです。

日本でバイオリンなどの弦楽器《げんがっき》を習うとすれば、ふつうはお母さんやお父さんにお願《ねが》いして楽器《がっき》を買ってもらい、個人《こじん》レッスンに通いはじめるでしょう。アンサンブルをやることはあっても、オーケストラで演奏《えんそう》するチャンスはそんなに多くはないと思います。ジュニアオーケストラの空きは少ないですし、空きが出たとしても、まずはたくさん練習してオーディションに合格《ごうかく》しなくてはならず、日本では子どもがオーケストラに入るのはなかなか大変《たいへん》なことなのです。

でも、ベネズエラでは、子どもたちが「やってみたい！」と思えば、すぐにオーケストラで演奏《えんそう》するチャンスをつかむことができます。どんなに貧《まず》しくても、楽器《がっき》がなくても、楽器《がっき》に触《ふ》れたことすらなくても、子どもたちが希《き》望《ぼう》さえすれば、だれでも大歓迎《だいかんげい》され、楽器《がっき》を貸《か》してもらい、オーケストラのメンバーになることができるのです。しかも、何とも夢《ゆめ》のような話なのですが、楽器《がっき》にも、レッスンにも、お金はまったくかかりません。それどころか、必要《ひつよう》であれば食事や制服《せいふく》もくばられ、さまざまなサービスも受けられるのです。

ベネズエラはもう四十年以上《いじょう》前から、こうした音楽を通じた教育プロジェクトに国がとても力を入れています。ベネズエラからはじまったこの子どもオーケストラのしくみは、「エル・システマ」と呼《よ》ばれています。

♪

エル・システマは、今から四十二年前の一九七五年に、ベネズエラの音楽家であり、政治家《せいじか》、経済《けいざい》学者でもあるホセ・アントニオ・アブレウ博士《はかせ》が立ちあげました。

　ゆたかな自然《しぜん》に恵《めぐ》まれ、石油の埋蔵量《まいぞうりょう》は世界一とも言われるベネズエラですが、その恵《めぐ》みが国民《こくみん》全体に行きわたっているとはとても言えません。首都カラカスでも近代的《きんだいてき》なまちなみとは正反対に、山の方に目をやれば、レンガとトタン屋根でできた貧《まず》しい家のひしめき合うスラム街《がい》が、斜面《しゃめん》にへばりつくように広がっています。

　電気や水道も整わないスラム街《がい》には、貧《まず》しくて学校にも病院にも行くことができない子がたくさんいます。しかたなくスラム街《がい》をうろうろしている子どもたちは、暴力《ぼうりょく》や犯罪《はんざい》にまきこまれる危険《きけん》にいつもさらされています。ひもじさからひったくりや強盗《ごうとう》などの盗《ぬす》みをはたらいてしまう子もいますし、なかには、悪い大人にそそのかされて麻薬《まやく》の犯罪《はんざい》にまきこまれてしまう子もいます。

アブレウ博士《はかせ》は、そのような行き場のないベネズエラの子どもたちに楽器《がっき》をわたしてクラシック音楽を教え、青少年オーケストラをつくることを思いつきました。これがエル・システマのはじまりです。貧《まず》しい家の子どもたちは、楽器《がっき》なんてもちろん持っているわけはありませんし、音楽にかけるお金もありません。しかし、アブレウ博士《はかせ》は、お金がなくては習えないと思われていたクラシック音楽を、あえて貧《まず》しい子どもたちにすすめることで、彼《かれ》らに自信《じしん》をつけてほしいと願《ねが》ったのです。すばらしい音楽に触《ふ》れることで、何よりも心の豊《ゆた》かさをはぐくんでほしいと——。

みんなで力を合わせて曲をつくりあげるオーケストラは、大きな学校であり、家族です。子どもたちは、自分がオーケストラの一員として必要《ひつよう》とされることにしあわせを感じ、助け合う仲間《なかま》がいることに心強さを感じました。貧《まず》しさのあまり、その日ぐらしの人生しか考えられなかった子どもたちも、エル・システマに出合ってから、いつしか希望《きぼう》を持って未来《みらい》を語るようになっていきました。愛情《あいじょう》にあふれた人と人とのたしかなつながりを実感することで、子どもたちは集団《しゅうだん》のなかで人を思いやることを学び、きちんとした生活を心がけるようになり、人としておどろくほどの成長《せいちょう》を見せたのです。

♪

アブレウ博士《はかせ》が集めた十一人のベネズエラの若者《わかもの》たちからはじまったエル・システマは、一年ほど経《た》って青少年オーケストラが海外の音楽祭に出演《しゅつえん》するようになると、あっと言う間に世界中で評判《ひょうばん》となりました。その反響《はんきょう》があまりに大きかったことから、エル・システマの活動もベネズエラ政府《せいふ》や米州開発銀行《しゅうかいはつぎんこう》（ＩＤＢ）の強力な支援《しえん》を得《え》られるようになったのです。アブレウ博士《はかせ》がエル・システマを手伝《てつだ》ってくれる大人たちのネットワークを熱心《ねっしん》に広げていったこともあって、練習場もベネズエラのすみずみにまで広がりました。りっぱな建物《たてもの》ばかりでなく、公民館《こうみんかん》や大きな家、倉庫《そうこ》、ときには海風が吹《ふ》き抜《ぬ》けるような海岸沿《ぞ》いの小屋まで、あらゆる場所がエル・システマの音楽練習場として子どもたちに開放されていったのです。

ベネズエラのすべての子どもを平等に受け入れるエル・システマは、どんな子でもこばむことはありません。クラシック音楽やオーケストラに品《ひん》のいいイメージを持っている人はびっくりしてしまうかもしれませんが、ギャングの子がガードマンに守られてやってくる練習場だってあります。また、体に障《しょう》がいがあっても音楽はできるという考え方から、耳の不自由《ふじゆう》な子たちが手話をしながらコーラスをするグループも生まれました。

♪

では、エル・システマの練習場を少しだけのぞいてみましょうか——。

練習時間が近づくと、せまい路地《ろじ》や建物《たてもの》の間をかいくぐって子どもたちが集まってきます。納屋《なや》のような天井《てんじょう》の低《ひく》い練習場はすぐに子どもたちでいっぱいになりました。三、四さいのちいさな子どもたちのグループは、テーブルの上のチャイムを鳴らして歌ったり、踊《おど》ったりして音楽を楽しんでいます。小学校低学年《ていがくねん》、高学年、中学生くらいのグループは、それぞれ熱心《ねっしん》に楽器《がっき》の練習にはげんでいます。

休けい時間には、バイオリンパートの子がドラムをたたいていた子に打ち方をアドバイスする場面も見られました。年れいだけでなく、楽器《がっき》がちがっても、子ども同士《どうし》でどんどん教え合い、自由に意見を言い合うのがエル・システマらしいところです。

想像力《そうぞうりょく》ゆたかな年上の子どもは、教えることがとても上手です。

「バイオリンはみんながあこがれる高嶺《たかね》の花。ビオラはそれをちょっとうらやましそうに横から見ている。そして、チェロはそんな二人の様子をやさしく見守っているんだよ。だから、バイオリンは〝私《わたし》がいちばん〟の気持ちで鼻高々に、ビオラはうらやましく、ちょっとだけねたみのあるイメージで弾《ひ》いてみて。チェロは二人を温かく、やさしく見つめる感じでね――」

楽譜《がくふ》をまちがえないように弾《ひ》くことばかりにとらわれると、演奏《えんそう》もかたくなってしまいますが、こんなふうにバイオリンとビオラ、チェロの性格《せいかく》を生き生きととらえたストーリーを思《おも》い描《えが》くことができれば、自分以外《いがい》の弦楽器《げんがっき》の音色も自然《しぜん》と耳に入ってくるようになります。音楽の表面的《ひょうめんてき》なことばかりでなく、その内側《うちがわ》や深いところまで、子どもたちが自分で考えながら教え合っていけるのは、エル・システマのちょっとすごいところ、なのです。

アブレウ博士《はかせ》は、エル・システマにどうしても必要《ひつよう》なこととして、そのように子どもたち同士《どうし》で教え合うこと、そして、発表の機会《きかい》をたくさんつくることをくり返し伝《つた》えてきました。

ですから、日本のピアノ教室などで年に一、二回特別《とくべつ》な発表会があるのとはまったくちがって、ベネズエラの子どもたちにはしょっちゅう本番のステージが用意されています。少なくとも二週間に一度は演奏《えんそう》を発表する機会《きかい》があるので、子どもたちは人前で演奏《えんそう》することにすっかり慣《な》れています。緊《きん》張《ちょう》のあまり表情《ひょうじょう》がこわばってしまったり、手が動かなくなってしまったり、なんてことは、まずありません。本番でも、子どもたちは練習のときと同じようにおたがいに目で合図をしながら、合奏《がっそう》の楽しさをからだいっぱいに表現《ひょうげん》します。

大きなコンサートばかりでなく、地元の保育園《ほいくえん》の入園式や学校の卒業式《そつぎょうしき》で演奏《えんそう》したり、介護《かいご》ホームでダンスミュージックをかなでたりして、地域《ちいき》の人たちをよろこばせる役割《やくわり》も、エル・システマの子どもたちはりっぱに果《は》たしているのです。

子どもたちの目を見張《みは》る成長《せいちょう》ぶりは、まわりにもいい変化《へんか》をもたらしました。まずは、両親が変《か》わりました。プロの演奏家《えんそうか》になりたいと夢《ゆめ》を語るようになった子どもを全力で応援《おうえん》しなければと、人生を前向きに考えるようになったのです。しかも、ベネズエラの大人たちは自分の子ばかりでなく、ほかのうちの子も同じように応援《おうえん》するので、地域《ちいき》のきずなもどんどん強まっていきます。そういったすばらしい変化《へんか》のうずはどんどん大きくなり、ついにはベネズエラの国全体にもいい影響《えいきょう》を与《あた》えるようになっていったのです。

国内各地《かくち》の音楽練習場からは、たくさんの青少年オーケストラが生まれました。その名をよく知られているシモン・ボリバル・ユース・オーケストラ・オブ・ベネズエラをはじめ、今では約《やく》七十八万人もの子どもたちが、オーケストラに入って音楽を楽しんでいます。ドイツのベルリン・フィルハーモニー管弦楽団《かんげんがくだん》など世界の一流オーケストラで活やくするプロ奏者《そうしゃ》も、エル・システマからぞくぞくと誕生《たんじょう》しています。世界をまたにかけて活やくする先輩《せんぱい》たちにあこがれて、「自分もあんな演奏家《えんそうか》になりたい！」と上を目指す子どもたちが後をたちません。

楽器《がっき》の奏者《そうしゃ》ばかりでなく、オーケストラの指揮者《しきしゃ》を目指すちいさな子どもたちがたくさん出てきているところも、ベネズエラのエル・システマの特長《とくちょう》であり、おもしろいところです。十代そこそこで百人を超《こ》えるオーケストラでタクト（指揮棒《しきぼう》）をふる、頼《たの》もしい子どもたちが何人も出てきています。

♪

音を合わせてはじめて一つの曲が完成《かんせい》するオーケストラには、意見の合わない人たちや立場のちがう人たちも結《むす》びつける、底知《そこし》れない力があります。自分たちの国が、まちが、大変《たいへん》なときだからこそ、もう一度音楽の力を信《しん》じるべきではないか――。ベネズエラからの力強いメッセージは、困難《こんなん》な状況《じょうきょう》にある世界中の人たちの心にひびきました。オーケストラ関係者《かんけいしゃ》や音楽関係者《かんけいしゃ》はもちろん、クラシック音楽には縁《えん》のなかった人たちの目にもとまるようになったのです。

貧《まず》しさだけでなく、差別《さべつ》や偏見《へんけん》、対立を乗《の》り越《こ》えるため、地域《ちいき》のつながりを取りもどすため——。「うちのまちでも子どもたちにエル・システマを体験《たいけん》させてあげたい」「自分たちの国がかかえる問題もエル・システマで解決《かいけつ》できるかもしれない」、そう考えた人たちが、世界中からベネズエラに見学に来るようになりました。

エル・システマをはじめるに当たって、ベネズエラ政府《せいふ》が求《もと》める複雑《ふくざつ》な取り決めは特《とく》にありません。それどころかむしろ、それぞれの国や地域《ちいき》の事情《じじょう》に合わせて想像力《そうぞうりょく》をはたらかせ、自由に取り組むことをすすめています。ベネズエラではじまったエル・システマは、今やベネズエラ周辺《しゅうへん》の国々をはじめ、アメリカ、アジア、ヨーロッパなど約《やく》五十カ国へと大きく広がっています。どの国でも、地域《ちいき》でも、それぞれのエル・システマが、音楽の楽しさを広げています。

そしてついに、日本にもエル・システマがやってきたのです。

第2章 ♪ 日本にエル・システマがやってきた

二〇一一年三月十一日、東北地方の海沿《うみぞ》いのまちにとてつもない被害《ひがい》をもたらした東日本大震災《だいしんさい》。最大震度《さいだいしんど》七のはげしいゆれで、場所によっては十階建《だ》てのビルに相当するほどの巨大《きょだい》な津波《つなみ》が陸地《りくち》をかけのぼりました。なかでも、原子力発電所から放射性物質《ほうしゃせいぶっしつ》がもれ出す事故《じこ》があわせて起こってしまった福島県《ふくしまけん》の状況《じょうきょう》はとても深刻《しんこく》でした。

福島県相馬市《そうまし》は、太平洋側《がわ》を走る国道六号線「浜通《はまどお》り」の北部にあります。相馬市は、福島第一原子力発電所から四、五十キロはなれていますが、事故《じこ》直後は放射性物質《ほうしゃせいぶっしつ》の影響《えいきょう》を気にした家族が県外へ急ぐ一方、ひなん指示《しじ》が出た近くの市や町からは、たくさんのひなん者がやってきました。人の移動《いどう》がはげしく、市内は落ちつかない状態《じょうたい》でした。

相馬市の被害《ひがい》は、特に海沿《うみぞ》いのまちに集中しました。千を超《こ》える家が流されたり、こわれたりして住めなくなってしまったのです。家族は無事《ぶじ》でも、親せきや友人、知人が何らかの被害《ひがい》にあった人がほとんどでした。

相馬の子どもたちはしばらくの間、外で自由に遊ぶことができず、暑い夏

♪ この本の舞台・福島県相馬市

の日も長そでを着て、ぼうしをかぶって登校する日々が続《つづ》きました。仕事先の都合で父親とはなれてくらすことになったり、震災《しんさい》をきっかけにおじいさんやおばあさんが体調をくずして入院してしまったり――、子どもたちは、非《ひ》常事態《じょうじたい》を乗り切るためにがまんしなければならないことが増《ふ》えました。なかなか収《おさ》まらない余震《よしん》にも、子どもたちは相当な不安《ふあん》を感じていたはずです。

♪

兵庫県神戸市《ひょうごけんこうべし》で育ち、高校卒業《そつぎょう》後は国際協力《こくさいきょうりょく》の仕事にあこがれてイギリスで学んだ菊川穣《きくがわゆたか》さんは、夢《ゆめ》をかなえてユニセフとユネスコで働《はたら》いていました。ユニセフも、ユネスコも、世界の子どもたちの命や権利《けんり》を守る活動をしている国連機関《こくれんきかん》です。おもに勤務《きんむ》したのはアフリカの国々でした。じっくり時間をかけ、さまざまな立場の人の言い分に耳をかたむける菊川さんは、南《みなみ》アフリカ共和国《きょうわこく》、レソト王国、エリトリア、それぞれの国で大きな信頼《しんらい》を集めました。二〇〇七年、菊川さんは日本のユニセフ活動をとりまとめる日本ユニセフ協会《きょうかい》に転職《てんしょく》することになり、帰国します。

東日本大震災《だいしんさい》の直後、菊川さんは日本ユニセフ協会緊急支援《きょうかいきんきゅうしえん》本部の責任者《せきにんしゃ》として現場《げんば》を指揮《しき》していました。東北の被災地《ひさいち》に必要《ひつよう》なものを届《とど》けるため、寝《ね》る間も惜《お》しんで支援《しえん》活動を続《つづ》けるなかで感じたのは、東北のほかの県とはかなりちがう福島の深刻《しんこく》さでした。

「まったく理不尽《りふじん》な事故《じこ》だな。ただそこにいたというだけで、子どもたちには何の罪《つみ》もないのに――」

福島の子どもたちの胸《むね》の内に思いをはせると、菊川さんは長くよりそう支《し》援《えん》の必要性《ひつようせい》を感じずにはいられませんでした。

とりわけ菊川さんの心に深く焼《や》きついたのは、震災《しんさい》から八カ月ほどたって開かれた「ふるさと相馬子ども復興会議《ふっこうかいぎ》」で、地元の小学六年生の男の子が発表した言葉でした。

「相馬の復興《ふっこう》は、あと二、三十年はかかると思います。それは私《わたし》たちの人生そのものです。私《わたし》たちは相馬の未来《みらい》づくりに役立つ人間になれるようしっかり学び、考えていきたい」

「そうだ。子どもたちにとって復興《ふっこう》は人生そのもの。長いたたかいになる。支《し》援《えん》をしている私《わたし》たちも、彼《かれ》らの先の長い未来《みらい》によりそっていく決意がなければ」。そんな思いが菊川さんのなかで大きくふくらんでいきました。

♪

ちょうどそのころ、「東北には今、音楽が必要《ひつよう》だ。エル・システマを福島でやったらどうだろう？」、そう菊川さんに話を持ちかけたのが、ユニセフ親善《しんぜん》大使で、震災支援《しんさいしえん》で来日していたベルリン・フィルハーモニー管弦楽団《かんげんがくだん》のホルン奏者《そうしゃ》、ファーガス・マクウィリアムさんでした。

菊川さんはもちろん、ベネズエラのエル・システマのことは知っていました。貧《まず》しい子どもたちを犯罪《はんざい》や薬物から遠ざけ、オーケストラの一員として育てることで生きる力もつけさせるこころみはすばらしいと思っていましたが、音楽教育の体制《たいせい》が授業《じゅぎょう》や部活動のなかにしっかりとできあがっている日本では、ベネズエラと同じようなエル・システマを取り入れるのは、正直むずかしいかもしれない、と感じていました。

マクウィリアムさんは、ふるさとのスコットランドで自分たちがはじめたエル・システマを例《れい》に出し、菊川さんを勇気《ゆうき》づけます。

「日本と似《に》た社会問題をかかえるスコットランドでも、地域《ちいき》にていねいによりそう形でうまくやれている。福島の方がスコットランドより事態《じたい》は深刻《しんこく》だろう。やるべきだよ」

マクウィリアムさんの言葉が胸《むね》に残《のこ》った菊川さんは、「ふるさと相馬子ども復興会議《ふっこうかいぎ》」の担当者《たんとうしゃ》でもあった相馬市教育委員会、学校教育課《きょういくか》の鈴木孝守《すずきたかし》さんと佐藤武《さとうたけし》さんにそっちょくな意見をもとめました。

「相馬市でエル・システマをやれる可能性《かのうせい》はあるでしょうか？」

「そうですねぇ……」

二人ははじめのうち、相馬市がエル・システマに取り組むとしても、どんな形がいいのか、すぐにはアイデアがうかびませんでした。

「まずは何人かで集まって、その可能性《かのうせい》をさぐってみましょうか」

二〇一一年十二月、はじめて開かれた集まりにやってきたのは、農林水産《すいさん》課《か》で食品の放射線検査《ほうしゃせんけんさ》を担当《たんとう》していた植田富雄《うえだとみお》さんでした。植田さんは学生時代から音楽に親しみ、地域《ちいき》の盆踊《ぼんおど》り大会でしの笛を吹《ふ》いたり、イベントでフルートを吹《ふ》いたりしています。「そうま音楽夢工房《ゆめこうぼう》」という市の音楽イベントの企画《きかく》や運営《うんえい》も手がけていて、市職員《ししょくいん》のなかでもとりわけ音楽に明るい人でした。

植田さんはエル・システマのことも知っていました。たまたまNHKで放送された特集《とくしゅう》番組を見ていて、ベネズエラが国をあげて取り組むダイナミックな音楽教育には「へぇ〜、すごいなぁ！」と心を打たれていたのです。そんなときに菊川さんが「相馬でエル・システマをやりたいと思っているのですが……」と言い出したので、植田さんはびっくりしてしまいました。

「この相馬で、あのエル・システマができる？　とても信《しん》じられない」

植田さんは正直なところ、そんな思いもいだきました。

「もし、あのエル・システマが相馬でできればすごいことになるぞ」

そうは思うものの、植田さんは食品の放射線検査《ほうしゃせんけんさ》を担当《たんとう》する課《か》の課長《かちょう》という、非常《ひじょう》に責任《せきにん》の重い立場でもありました。やることは山積《やまづ》みで毎日の仕事も目が回るほどいそがしく、エル・システマにかかわる時間はとてもとれそうにありません。

文化イベントなどを担当《たんとう》する教育委員会の生涯学習課《しょうがいがくしゅうか》も、「今、新しいことをはじめる余裕《よゆう》はとてもありませんね……」との返事。話は行ったり、来たり――。これという道すじは見えず、なかなか方向性は決まりませんでした。

♪

年が明けて二月、菊川さんのもとにドイツから一本の国際《こくさい》電話がかかってきました。核戦争防止国際医師会議《かくせんそうぼうしこくさいいしかいぎ》（ＩＰＰＮＷ）でチャリティーコンサートの企画《きかく》を担当《たんとう》する小児科医《しょうにかい》のペーター・ハウバーさんからでした。菊川さんは電話でこう切り出され、びっくりしてしまったのです。

「マクウィリアムさんから、日本の相馬にエル・システマが誕生《たんじょう》し、子どもオーケストラができると聞きました。私《わたし》たちが今年の秋に開くチャリティーコンサートで集めるお金を寄付《きふ》したい」

菊川さんは突然《とつぜん》の申し出にあせってしまいました。まだ、誕生《たんじょう》したどころか、どんなふうにやっていくか、何のめども立っていないことを正直に話すと、今度はハウバーさんの方がこまった様子でした。

「もう記者会見で発表してしまったし、こまったな……」

「でも、本当に何もできていないのです……」

ぐるぐると同じ場所をめぐるようなやりとりが続《つづ》いた後、菊川さんはついに決意をかためることになります。ふしぎなめぐり合わせでしたが、この一本の電話が、日本でのエル・システマの立ち上げを海の向こうから後押《あとお》しすることになりました。

菊川さんはエル・システマにかかりきりになるために、日本ユニセフ協会《きょうかい》をやめることにしたと、鈴木さんと佐藤さんに打ち明けます。菊川さんの覚《かく》悟《ご》を聞き、二人の気持ちも大きく動きました。

「それなら、こちらも菊川さんの決意に本気でこたえましょう」

できるだけ多くの子どもたちにエル・システマを体験《たいけん》してもらうためには、日本では学校のしくみのなかに取り入れる必要《ひつよう》があるだろう。三人はばくぜんと思い描《えが》いていた方向性を、だんだん確信《かくしん》していきます。鈴木さんと佐藤さんは、関係《かんけい》する職員《しょくいん》や小学校の校長先生などに向け、教育委員会がエル・システマに取り組む意味や必要性《ひつようせい》を、ていねいに、何度でも説明《せつめい》してまわりました。

エル・システマでは、国内外の第一線で活やくする演奏家《えんそうか》との交流や講習会《こうしゅうかい》など、一流の音楽に触《ふ》れる機会《きかい》がたくさん用意されます。地方にいても東京《とうきょう》に負けない音楽環境《かんきょう》を約束《やくそく》してくれるエル・システマで、子どもたちのやわらかな感性《かんせい》は大きく花開くはず――。もともと美術《びじゅつ》の先生をしていた佐藤さんにはそんな自信《じしん》がありました。

震災《しんさい》を経験《けいけん》した子どもたちの心の傷《きず》がはかり知れないことを考えたとき、すばらしい芸術《げいじゅつ》というものは、きっと子どもたちの深いところに手を差《さ》しのべることができるものなのだろう。佐藤さんは、そう思いました。それこそ、「ふるさと相馬子ども復興会議《ふっこうかいぎ》」で六年生の男の子が発言したように、相馬の復興《ふっこう》にあと二、三十年かかるとすれば、音楽はその長い期間にわたって、子どもたちをみちびき、成長《せいちょう》によりそうことができる。「学校だけでは与《あた》えられない世界を、エル・システマは実現《じつげん》してくれるのかもしれない」。

鈴木さんも同じ思いでした。鈴木さんも大学進学で上京したとき、東京出身の友人たちが、子どものころからいかに一流の芸術《げいじゅつ》に触《ふ》れる機会《きかい》に恵《めぐ》まれているかを知っておどろいた経験《けいけん》がありました。

「相馬の子どもたちに何としてもエル・システマを体験《たいけん》させてあげたい。震《しん》災《さい》で大変《たいへん》な思いをした子たちのよりどころにもなるだろうし、本物の音楽に触《ふ》れることで、なかには才能《さいのう》が大きく花開く子もいるかもしれない」、鈴木さんはそう思いました。

じわじわと少しずつでしたが、三人の思いを理解《りかい》する関係者《かんけいしゃ》も増《ふ》えていきました。

震災《しんさい》から一年後の二〇一二年三月に菊川さんが事務局《じむきょく》の代表となってエル・システマジャパンが発足《ほっそく》。その二カ月後には、エル・システマに取り組むことを決めた相馬市との間に協定《きょうてい》が結《むす》ばれました。こうして教育委員会の事業をエル・システマジャパンが支援《しえん》するという形で、日本ではじめてのエル・システマが動き出したのです。

「相馬ではいろんなことが偶然《ぐうぜん》つながっていった。どれが欠《か》けても実現《じつげん》しなかったと思う」、菊川さんはそうふり返ります。

♪

もしかすると、偶然《ぐうぜん》を超《こ》えた「運命」にみちびかれたのかもしれませんが、もともと相馬にはエル・システマを受け入れるのにふさわしい音楽教育の歴《れき》史《し》がありました。戦後《せんご》、学校教員でもあった地元「オアシス楽器店《がっきてん》」の前社長が、自ら弦楽器《げんがっき》を買って飯豊《いいとよ》小学校で子どもたちに教えたことから相馬の弦楽合奏《げんがくがっそう》がはじまりました。飯豊小に刺激《しげき》を受けた日下俊雄《くさかとしお》さんが中村《なかむら》第一小学校でも弦楽器《げんがっき》を教えはじめると、子どもたちはみるみるうちに上達《じょうたつ》し、全日本学校器楽合奏《きがくがっそう》コンクールで優勝《ゆうしょう》するほどの実力を身につけたのです。

中村一小の活やくは近くの小学校にも影響《えいきょう》を与《あた》え、南相馬市《みなみそうまし》（当時は原町《はらまち》市《し》、鹿島町《かしままち》、小高町《おだかまち》）の原町第一小学校と上真野《かみまの》小学校、小高小学校でも弦《げん》楽器《がっき》教室がはじまりました。なかでも上真野小では、六年生が全員弦楽器《げんがっき》を体験《たいけん》するという全国的《ぜんこくてき》にもめずらしい音楽カリキュラムがしばらく続《つづ》き、保《ほ》護者《ごしゃ》が運営《うんえい》のためのお金を支援《しえん》する慣習《かんしゅう》も、最近《さいきん》まで続《つづ》いていました。

そのころ部活動で弦楽器《げんがっき》に出合った卒業生《そつぎょうせい》のなかには、学校の先生やプロの奏者《そうしゃ》として音楽の仕事についた人もいます。相馬でエル・システマがはじまるというニュースは、彼《かれ》らにとってみれば、子どものころの音楽へのあこがれが熱《あつ》くよみがえってくるようなうれしい話題でした。

「自立心の強い相馬であれば、地元がリードして行うことを助けていくしくみがうまく動き出すのでは」、菊川さんのそんな予感は的中《てきちゅう》します。

「オアシス楽器店《がっきてん》」の前社長のもと、楽器修理《がっきしゅうり》をみっちり学んだ後藤賢二《ごとうけんじ》さんは、相馬の小中学校や高校で器楽《きがく》部員、あるいは吹奏楽《すいそうがく》部員だった人なら、きっとだれもがお世話になった楽器修理《がっきしゅうり》の大ベテランです。東北全土を見わたしても、弦楽器《げんがっき》の修理《しゅうり》ができる人は少ないのですが、エル・システマではまず後藤さんが楽器修理《がっきしゅうり》とメンテナンスを一手《いって》に引き受けてくれることが決まりました。いつもニコニコやさしく、たよりになる後藤さんが見守っていてくれる。もうこれだけでも大船に乗った気分です。

そして、なかなか見つからなかった弦楽器《げんがっき》の先生には、後藤さんが南相馬市でバイオリン教室を開いていた須藤亜佐子《すとうあさこ》さんを推《すい》せんしました。須藤先生は、中村一小がコンクールで活やくしていたころの器楽《きがく》部員です。原子力発電所から二十キロ圏《けん》内の小高に自宅《じたく》があった須藤先生は、バイオリンだけを持って相馬市の実家にひなんしていました。後藤さんからの電話で「相馬に子どもオーケストラができるそうですよ」と聞いた須藤先生は、「ほんと？やったー！」と大よろこび。体調をくずした家族の看病《かんびょう》にいそがしい毎日でしたが、先生の話はすぐ引き受けてくれました。

エル・システマジャパンの活動は、器楽部《きがくぶ》に弦楽合奏《げんがくがっそう》を取り入れていた中村一小へのサポートという形ではじまり、週末《しゅうまつ》の弦楽器《げんがっき》教室へと広がりました。次の年の四月には中学生も加《くわ》わり、八月には市内全部の小学校の参加希望者《さんかきぼうしゃ》を受け入れる体制《たいせい》が整いました。教室は無料《むりょう》で、楽器《がっき》は貸《か》してもらえる、ベネズエラやアメリカのエル・システマから来たインストラクターや有名な音楽家による特別《とくべつ》レッスンもあるなどと、うわさは口コミで広がり、参加者《さんかしゃ》は一時百人近くにまでふくれあがりました。

はじめの目標《もくひょう》は、相馬子どもオーケストラ&コーラスをつくることに決まりました。コーラス部門は、桜丘《さくらがおか》小学校の合唱部《がっしょうぶ》とOB・OGの中学生が加《くわ》わり、NHK東京児童合唱団《じどうがっしょうだん》を育てあげた古橋富士雄《ふるはしふじお》さんが音楽監督《かんとく》になりました。そして、オーケストラの音楽監督《かんとく》には、青少年オーケストラの教育分野にも活動を広げていたチェリストの浅岡洋平《あさおかようへい》さんが、そして、吹奏楽《すいそうがく》の音楽監督《かんとく》には、相馬生まれで中村一中時代にオーケストラと出合ったフルート奏者《そうしゃ》の岡崎明義《おかざきあきよし》さんがつくことに決まりました。また、子どもたちにとってはお兄さん、お姉さんのような大学生や社会人の弦楽器経験者《げんがっきけいけんしゃ》がフェロー（指導《しどう》ボランティア）として参加《さんか》。保護者《ほごしゃ》のお手伝《てつだ》いも広がり、相馬のエル・システマは、福島の大地に大きな根を張《は》りはじめたのです。

第3章 ♪ 世界を広げてくれたエル・システマ

相馬市《そうまし》のいちばん西側《にしがわ》にある玉野《たまの》地区。城下町《じょうかまち》のおもかげが残《のこ》る市役所周辺《しゅうへん》の中村《なかむら》地区とはがらりと様子が変《か》わって、畑に草むら、深々とした森や林が広がるのどかな山里です。農業や林業にたずさわる住民《じゅうみん》が多く、人口は四百人ほどの、市内でいちばんちいさな集落。ゴツゴツしていて、まるで恐竜《きょうりゅう》みたいなめずらしい形の岩がいくつもそびえる名山「霊山《りょうぜん》」の東側《ひがしがわ》に当たり、高台に登ると市内を一望《いちぼう》に見下ろすことができてそう快《かい》です。

原発事故《じこ》直後は、ひなん地域《ちいき》に指定されなかったものの、相馬の中心部よりは高い放射線量《ほうしゃせんりょう》が計測《けいそく》されました。村の全域《ぜんいき》にひなん指示《しじ》が出た飯舘村《いいたてむら》に近いこともあり、さかんだった農林業が受けたダメージは、はかり知れないものでした。放射線量《ほうしゃせんりょう》への不安《ふあん》から自主ひなんを決めた家族も多く、子どもの数は一気に減《へ》ってしまいました。玉野小学校と中学校は二〇一六年度いっぱいで閉校《へいこう》になることが決まっています。

相馬のエル・システマには、この玉野地区から通う高校三年生がいます。バイオリンパートの瑠奈《るな》さんです。幼《おさな》いころから民謡《みんよう》を習っていた瑠奈さんは音楽が大好《だいす》きでしたが、地元の中学校に吹奏楽《すいそうがく》部はありませんでした。音楽の授業《じゅぎょう》だけではものたりなさを感じていたところ、学校からのお知らせとして配られたのが、相馬のエル・システマの案内《あんない》プリントでした。玉野中学の三年生のときでした。

母子家庭に育った瑠奈さんは、高価《こうか》な楽器《がっき》を買ってレッスンに通うほど、家のお金に余裕《よゆう》がないことをよくわかっていましたが、エル・システマは「楽器《がっき》は無料《むりょう》」とあります。瑠奈さんはプリントを何度も見返し、胸《むね》が高鳴るのを感じました。

「ダメもとで母親に『やってみたい』と頼《たの》みこみました。楽器《がっき》に触《ふ》れるのは音楽の授業《じゅぎょう》くらいだったので、本当にバイオリンが弾《ひ》けるようになるのか不《ふ》安《あん》でしたし、自分より年下の子が多かったので、うまくやっていけるかどうか、とまどいもありました」

入ってみると、中学生にして初心者《しょしんしゃ》だったのは瑠奈さんくらいでした。

「やっぱり場ちがいかもしれない――」、ドキドキする気持ちもありましたが、バイオリンを習うことができるうれしさの方が、まさっていました。

子どもたちに貸《か》し出《だ》されたバイオリンの多くは、エル・システマジャパンのよびかけに応《おう》じて、全国の人たちが家に眠《ねむ》る楽器《がっき》を寄付《きふ》してくれたものです。

「なかには、ストラディバリ一族が出たイタリアのクレモナ製作《せいさく》学校からおくられた、ちょっと値段《ねだん》がつけられないような良《よ》い楽器《がっき》も何本かありますよ」、楽器修理《がっきしゅうり》を担当《たんとう》する後藤《ごとう》さんは言います。

エル・システマの子どもたちは練習が終わると、そんなバイオリンを大切そうにふき、きちんとケースにしまい

練習が終わったら、バイオリンはていねいにふいてケースにしまいます

ます。「借《か》りているものだからこそ、子どもも大事に使っていると思います」、そう話してくれたお母さんがいました。

瑠奈さんも、貸《か》し出《だ》された楽器《がっき》をとても愛《いと》おしく感じました。バイオリンがそばにあることがうれしくて、最初《さいしょ》のころは家でもしょっちゅう取り出しては練習をかさねていたと言います。弓の動かし方など、初心者《しょしんしゃ》向けの自主練にあきてくると、〝耳コピ〟した童謡《どうよう》を弾《ひ》いてみたり、音楽の教科書にのっていた曲を弾《ひ》いてみたり――、自分流の練習もすすめるほど、夢中《むちゅう》になりました。

「先生が基本《きほん》からきっちり教えてくださったので、楽器《がっき》のあつかい方や弾《ひ》き方《かた》を、少しずつですが、着実に身につけていくことができました」

上達《じょうたつ》するにつれ、早く次のステップに進みたい気持ちの方が強くなり、「弾《ひ》けるかな」という最初《さいしょ》の不安《ふあん》は、いつの間にか消えてしまったと言います。

♪

日本では、たくさんの子どもたちが幼稚園《ようちえん》から小学校低学年《ていがくねん》くらいの時期にピアノを習いはじめます。でも、「先生がきびしくてやめてしまった」「楽しめなかった」、そんな苦い思い出が残《のこ》ってしまう人は少なくありません。

日本の音楽教育は、どちらかと言うと譜面《ふめん》通りの弾《ひ》き方《かた》をたたきこんだり、コンクールで賞《しょう》をとったりすることに力を入れすぎていて、音楽の楽しさを上手に伝《つた》えることができていないのかもしれません。

子どもオーケストラの音楽監督《かんとく》を引き受けた浅岡洋平《あさおかようへい》さんも、五さいのころ、声楽家の両親からすすめられたピアノ教室を一年ちょっとでやめてしまったことがありました。

「手の上げ下げからおじぎの仕方まできびしく教えられて、もう大嫌《だいきら》いになっちゃったんだよね。楽しく弾《ひ》くのは大好《だいす》きだったのに……」

浅岡先生は自身の体験《たいけん》から、きびしいだけではつらくなってしまう子どもたちの気持ちが痛《いた》いほどわかりました。

「相馬のエル・システマでは、子どもたちが音楽を心から楽しめる環境《かんきょう》づくりをとことん考えてあげよう。ぼくはいつも子どもの味方でいよう」

そんな思いから浅岡先生が新しく整理した練習法《ほう》は、なかなか気が乗らない基礎《きそ》練習はグループでやり、無理《むり》のない長さのフレーズを何回もくり返す、というものでした。そうすることで、フレーズごとに音のイメージをしっかりからだにおぼえこませていきます。このやり方をとことんつらぬいたことで、子どもたちは「できた!」のうれしさをたくさん積《つ》みかさねているうちに、いつの間にか長い曲も弾《ひ》けるようになっていったのです。

浅岡先生はコンクールのような目に見える結果《けっか》よりも、音楽を通して子どもたち一人ひとりが成長《せいちょう》しているか、ゆたかになっているか、むしろ、目に見えない部分をいつも気にかけていました。

一生の財産《ざいさん》となる「すばらしい音楽に出合えた感動」を体験《たいけん》してほしい。大人にできることは、そのための環境《かんきょう》を用意して「待つ」こと。浅岡先生は実体験《じったいけん》から、その環境《かんきょう》づくりにとても気をくばっていましたし、何よりも子どもたちと音楽を信頼《しんらい》していました。

♪

瑠奈さんが参加《さんか》してからじきに、週末弦楽器《しゅうまつげんがっき》教室は午前と午後でおおまかに初心者《しょしんしゃ》と経験者《けいけんしゃ》に分かれて練習するようになりました（現在《げんざい》は「ひつじチーム」〈初心者《しょしんしゃ》〉、「バッハチーム」〈中級者〉、「モーツァルトチーム」「ベートーベンチーム」〈上級者〉の四つのグループに分かれて練習していますす）。このグループ分けが、瑠奈さんにとってはエル・システマの仲間《なかま》と打ちとける転機《てんき》になったと言います。人見知りだった瑠奈さんは、自分に続《つづ》いてエル・システマに入った弟といつも一緒《いっしょ》に行動していました。しかし、だんだん「初心者《しょしんしゃ》チームで最年長《さいねんちょう》の自分がはずかしがっているわけにはいかない」「私《わたし》がみんなと打ちとけるきっかけをつくっていかなければ」と思うようになり、自分からすすんで話しかけるように努力《どりょく》していきました。瑠奈さんの勇《ゆう》気《き》は実を結《むす》び、チームの仲間《なかま》は気兼《きが》ねなく話せる友だちになっていきました。

エル・システマでは、年れいがちがっても先輩《せんぱい》、後輩《こうはい》を区別《くべつ》するきびしい上下関係《かんけい》などはないので、レベルがあがり、グループを移《うつ》った後も、学年の壁《かべ》を越《こ》えた友だちがどんどん増《ふ》えていきました。バイオリンを習うされしさに加《くわ》え、昼休みや休けい時間に友だちとおしゃべりをするひとときも「とても楽しかった」、と瑠奈さんはふり返ります。

「エル・システマは学校みたいなところ」、瑠奈さんはそう言います。特《とく》に年下の子がたくさんいて、にぎやかなところが「学校」を思い起こさせるようです。エル・システマは、年れいを越《こ》えたチームワークや、おたがいをすすんで支《ささ》え合う様子から、学校よりも親密《しんみつ》な「家族」などと表現《ひょうげん》する人が多いのですが、瑠奈さんの印象《いんしょう》は少しちがいました。

瑠奈さんが卒業《そつぎょう》した玉野小学校は二〇一六年度、五年生と六年生が一人ずつで児童数《じどうすう》は二人。玉野中学校は一年生が三人、二年生が一人、三年生が六人と、計十人しか生徒《せいと》がいません。原発事故《じこ》の影響《えいきょう》で在校生《ざいこうせい》はますます少なくなりました。

玉野で生まれ育った瑠奈さんはこう言います。

「玉野では幼稚園《ようちえん》から小学校、中学校とメンバーは変《か》わらない上、人数も少ないので、みんな家族ぐるみで幼《おさな》いころからよく知っていて、知らない人はいません。友だちと言うより、きょうだいや親せきと言った方がしっくりきます。エル・システマに入って玉野ほど地域《ちいき》の人たちが親密《しんみつ》な場所はないだろうなとあらためて思いました」

そんな瑠奈さんにとってのエル・システマは、価値観《かちかん》の多様性《たようせい》を見つめる場所、世界を広げてくれる場所でした。

「みんなそれぞれちがう学校から集まってきていて、話をしてみるといろんな価値観《かちかん》があるんだなぁと思って、とても新鮮《しんせん》でした」

いろんな価値観《かちかん》を持った人たちが集まって、力を合わせて、一つの曲をつくりあげる。それがオーケストラです。音楽が好《す》きで集まっているところは、だれもが同じ。それは海の向こうからやってきてくれた演奏家《えんそうか》も、共演《きょうえん》したユース・オーケストラも同じことでした。ものの見方にちがいがあっても、育った環境《かんきょう》がちがっても、言葉が通じなくても、音楽を通して心を通じ合わせることはできる。そう気づくと、それまで気にしていた壁《かべ》も感じなくなりました。瑠奈さんにとって、エル・システマは世界を広げる大きな経験《けいけん》となりました。

バイオリンの音色は「自分のそのときの感情《かんじょう》を表すものだと思います」と瑠奈さん。「自信《じしん》があったり、なかったり、そのときの自分の状態《じょうたい》は音色に出るし、思いをこめれば、バイオリンはそれにこたえた音色を出してくれます」。

「上達《じょうたつ》するにつれ、練習日も練習時間もだんだん増《ふ》えていきましたが、私《わたし》はそれを一度も大変《たいへん》だと思ったことはありません。むしろ、自分の好《す》きなことをする時間が増《ふ》えてとてもうれしかった」、瑠奈さんはそう言います。

「そんなふうに思えるのは、浅岡先生や須藤《すとう》先生、菊川《きくがわ》さん、多くの人の支《ささ》えがあったおかげです。本当に感謝《かんしゃ》しています」

第４章 ♪ 百人の弦楽器《げんがっき》教室

相馬《そうま》ではじまったエル・システマの週末弦楽器《しゅうまつげんがっき》教室。ふつうのバイオリン教室と大きくちがうところは、何十人もの子どもたちが一緒《いっしょ》にやる、というところです。

南相馬市《みなみそうまし》で長年バイオリン教室をやってきた須藤《すとう》先生も、数十人の子どもを一度に教えた経験《けいけん》はなく、「えー！ こんなにたくさんの子どもたち、どうやって教えればいいの？」と、はじめは途方《とほう》にくれてしまったと言います。しかも、初心者《しょしんしゃ》から経験者《けいけんしゃ》までレベルもまちまちですし、小学校入学前の子から中学生まで年れいも見事にばらばらです。

そんな先生たちの不安《ふあん》をよそに、参加者《さんかしゃ》の数はうなぎのぼりに増えていきました。中村《なかむら》一小など一部の学校向けだった教室の枠《わく》を、市内すべての小中学校に広げたことから、二〇一三年の夏には九十人を超《こ》え、百人近い子どもたちが参加申《さんかもう》し込《こ》みをしていました。気がつけば、弦楽器《げんがっき》教室はオーケストラが編成《へんせい》できるほどの大所帯《おおじょたい》になっていたのです。

二〇一三年八月、中村一小で開かれたエル・システマの夏季《かき》集中講座《こうざ》に合わせて、はるばるベネズエラから、エル・システマ出身の指揮者《しきしゃ》ジョシュア・ドス・サントスさんと弦楽器奏者《げんがっきそうしゃ》三人が講師《こうし》として相馬にやってきました。

須藤先生は、彼《かれ》らの教え方に注目していました。バイオリン奏者《そうしゃ》のロザーナ・モラレスさんは、何十人もの子どもたちを前に「それじゃあ、行くよー！」と、ごうかいに号令《ごうれい》をかけ、ひとまとめに教えていきます。たとえ言うことをよく聞かない子がいたとしても、そんなに気にかけてはいない様子です。

「あんな感じでいいのかな……」、須藤先生は、本場の大胆《だいたん》で楽しい教え方に少しはげまされた気がしました。

「こちらが楽しそうにやっていれば、どこかに行ってしまうような子も、だんだん参加《さんか》してくるよ」、モラレスさんは須藤先生に笑顔《えがお》でそうアドバイスしました。

「音楽というより、体育の先生みたいでしたね。私《わたし》たちもやるしかない。そう思いました」

集中講座《こうざ》を終えてから、浅岡《あさおか》先生と須藤先生は子どもたちの様子を見ながら、相馬のエル・システマらしい練習方法《ほうほう》を手探《てさぐ》りしていきました。

初心者《しょしんしゃ》は、やはり弓の持ち方、楽器《がっき》のかまえ方からはじめます。かけ出しのころによく行われたのがペーパー・バイオリンの工作教室です。これは、ベネズエラのエル・システマゆずりの人気ワークショップで、専用《せんよう》の工作キットを用意してやります。バイオリンの絵が描《えが》かれたボール紙を切り取って、ボンドで立体的《りったいてき》にはり合わせていき、最後《さいご》に弦《げん》の代わりにタコ糸をピンと張《は》ってしあげます。弦《げん》は四本きちんとあり、あごあてやブリッジ、糸巻《いとま》きなどもついていて、なかなか本格的《ほんかくてき》です。

ペーパー・バイオリンは、ベネズエラでは楽器《がっき》がたりなくなったことから考え出されました。子どもたちはこれを使って、楽器《がっき》の正しい持ち方やあつ

夏季集中講座では、ベネズエラから来た先生に教わりました

真剣な顔つきで練習にはげむ女の子たち

かい方、弾《ひ》くときの姿勢《しせい》、バイオリンのしくみなどについて遊びながら学ぶことができます。紙のバイオリンだって、弓を持ち、楽器《がっき》をかまえれば、気分はもうバイオリニストです。ベネズエラの子たちはキットもたりていないので、身近にある段《だん》ボールでバイオリンをつくり、ニスをぬってぴかぴかにしあげます。ちょっとくらい形がいびつでも大満足《だいまんぞく》。弓を動かすポーズを優《ゆう》雅《が》にくり返してうれしそうに遊びます。どこの国でも、子どもたちは工作が大好《だいす》きですよね。

須藤先生は、エル・システマではじめた初心者《しょしんしゃ》向けの練習メニューとして、『ミッキーマウス・マーチ』のダンスレッスンをあげます。

「みんなで歌って踊《おど》るなんて練習は、私《わたし》のバイオリン教室ではやったことがなかったですね」

「はい！　右へ三歩、次は左へ三歩。はい！　前、後ろ――」

『ミッキーマウス・マーチ』に合わせて須藤先生と一緒《いっしょ》に楽しく歌いながら、言われた方向へステップをふみます。これも遊びのようですが、れっきとしたリズム学習です。弦楽器《げんがっき》をかなでるときに大事になってくる「アップビート」と「ダウンビート」のちがいをからだで感じとる練習なのです。

子どもたちはからだや目を通した方が早く身につくことも多いので、基礎《きそ》練習にもさまざまな工夫《くふう》がしてあります。

初心者《しょしんしゃ》グループのそばには、バイオリンの「こま」の部分を大きくした紙がはってあって、四つの弦《げん》は青、黄、赤、緑の色別《いろべつ》になっています。子どもたちも自分のバイオリンのこまに、同じように四色のシールをはります。浅岡先生が書きおろした音階練習のテキストの音符《おんぷ》も、同じように四色に色分けされているので、子どもたちは「緑の音符《おんぷ》ならいちばん右の弦《げん》」と、色のパズルのように、音と使う弦《げん》の組み合わせをおぼえていけるのです。これも目から入ってくる情報《じょうほう》で、手の動きをよりスムーズに身につけられるようにと考えられたものです。

「私《わたし》、テストが好《す》き！」

弦楽器《げんがっき》教室の子どもたちからは、「え？」と聞き返したくなるような発言も飛《と》び出《だ》します。

浅岡先生が書きおろした音階練習のテキスト『オーケストラ・スタディ』

は全部で五さつありますが、子どもたちは「もう弾《ひ》けるようになったよ」と自信《じしん》がついたところで一人ずつ、浅岡先生か須藤先生、あるいはフェローのお兄さん、お姉さんに聴《き》いてもらってテストを受けます。「よくできたねー、合格《ごうかく》！」となれば、かわいいシールをもらえます。子どもたちは、ほめられてシールをもらえるのがうれしくて、「次のテストも早く合格《ごうかく》したい」と練習にはげむのです。

バイオリンを弾《ひ》きはじめた子どもたちがあこがれてやまない曲もあります。モーツァルトの『アイネ・クライネ・ナハトムジーク』です。

「タン、タ、タン、タ、タタタタターンって弾《ひ》いてみたいんでしょうね。子どもはみーんなあの曲が好《す》きですね。だから、エル・システマでもはじめにやるのが、この曲なんですよ」、須藤先生はそう言います。

最年少《さいねんしょう》の五さいでエル・システマに入った魁《ほくと》くんも、お兄ちゃんの颯《はやて》くんの練習についてきたときに『アイネ・クライネ・ナハトムジーク』の軽《かろ》やかなメロディーを耳にして、心のどこかにビーンとひびいたのでしょう。魁くんは「ぼくもやりたい。絶対《ぜったい》あれが弾《ひ》けるようになりたい！」といっそう練習をがんばるようになり、中級者コースに参加《さんか》できるようになりました。

魁くんのようにからだのちいさな子たちは、すわって弾《ひ》いていると、後ろからはいすの背《せ》にかくれて頭と弓の先っぽしか見えなかったりします。その姿《すがた》はなんとも愛《あい》くるしいのですが、エル・システマではそんなちいさな子どもたちも、上級生に追いつこうといっしょうけんめい弓を動かして練習し、めきめきとうでをあげていきます。みんな練習熱心《ねっしん》なのです。

フェローのお姉さんとの楽しいやりとり

子どもたちにバイオリンの基本を教える須藤先生

魁くんもそうですが、自分の楽譜《がくふ》には、指番号や弓の動かし方をたくさん書きこんでいます。楽譜《がくふ》に書かれている指示《しじ》はイタリア語だったりすることも多いので、わかりやすく日本語に直しておいたり、気をつけるところを自分なりに書きたしたりするのです。魁くんの楽譜《がくふ》には「ちょっとむずかしい」なんて感想まで書いてあって、ほっこりした気持ちにさせられました。

♪

二〇一三年のいちばん大きなステージは、子どもコーラスと子どもオーケストラのはじめての共演《きょうえん》となった十二月のクリスマスコンサートでした。会場は震災《しんさい》の後、新しく建《た》てなおされた相馬市民会館《しみんかいかん》です。

子どもたちはおそろいのエル・システマジャパンの白いロゴTシャツを身につけ、リハーサルもしっかりこなして開幕《かいまく》を待ちます。真新しいホールの客席《きゃくせき》には、出演《しゅつえん》する子どもたちの家族や親せきがぞくぞくと集まりました。相馬では三世代一緒《いっしょ》にくらしている大家族が多いので、子どものお母さん、お父さんだけでなく、おじいさん、おばあさんの姿《すがた》もたくさん見かけます。

幕《まく》があがって最初《さいしょ》に登場した相馬子どもコーラスは、ハンガリー語でおぼえた『３つのわらべうた』や小山薫堂《こやまくんどう》さん作詞《さくし》の『ふるさと』などを、のびやかな美しい声で歌いあげました。なかでも『ふるさと』は、子どもたちにとっても特別《とくべつ》な思い入れのある曲です。音楽監督《かんとく》の古橋《ふるはし》先生から、「目の前にだれかを思いうかべるようにして歌ってごらん」とアドバイスされた子どもたちは、本番でも身近な人たちに思いをよせて歌いました。

「巡《めぐ》りあいたい人がそこにいる」

遠くにひなんした友だちのこと、あるいは、亡《な》くなってしまった自分のひいおじいさんや、ひいおばあさんを思いうかべて歌ったと話す子どもたちもいました。

「雨降《ふ》る日があるから虹《にじ》が出る　苦しみぬくから強くなる」

震災《しんさい》後の苦労《くろう》をにじませるようなこの歌詞《かし》には、子どもたちは特《とく》に感情《かんじょう》をこめました。相馬の人たちを勇気《ゆうき》づけたい思いもこめて――。客席《きゃくせき》にはハンカチでそっと目がしらを押《お》さえる大人の姿《すがた》も見られました。

コーラスに続《つづ》いては、相馬子どもオーケストラの登場です。この日の山場はビバルディの『調和の霊感《れいかん》第八番　二つのバイオリンのための協奏曲《きょうそうきょく》より第一楽章』でした。八月の夏季《かき》集中講座《こうざ》で「高音域《こうおんいき》の曲にチャレンジすれば、もっと上手になるよ」とベネズエラの先生からアドバイスを受けて取り組みはじめた曲です。子どもたちは本番まで猛練習《もうれんしゅう》をかさねました。

「ちゃんと指が動くかな……」

もう十分練習したはずですが、子どもたちはやや緊張《きんちょう》ぎみでした。そんな子どもたちを勇気《ゆうき》づけるように、やさしくうなずきながら指揮《しき》をする浅岡先生。子どもたちは浅岡先生の指揮《しき》に合わせて、ちいさくかなでたり、大きくかなでたり、最後《さいご》までりっぱに弾《ひ》ききりました。

そして、ラストはコーラスとオーケストラのはじめての共演《きょうえん》ステージです。

おごそかで美しいモーツァルトの合唱曲《がっしょうきょく》『アヴェ・ヴェルム・コルプス』、そして、童謡唱歌《どうようしょうか》の『ふるさと』。この日のしめくくりとなった『ふるさと』は、会場のお客さんたちも一緒《いっしょ》に歌って大合唱《だいがっしょう》になりました。コーラスとオーケストラのデビュー公演《こうえん》は、子どもたちの家族や地域《ちいき》の人たちに見守られ、ささやかながら、じんわりと温かなコンサートになりました。

本番終了《しゅうりょう》後の子どもたちは、ロビーで友だちと大きな声を出したり、笑《わら》い合ったり、フェローのお兄さんとロビーでおにごっこをしたりしてはしゃいでいました。いつになくこの日は「テンション高めだった」という子どもたち。ステージを無事《ぶじ》やり終えた満足《まんぞく》感もあり、緊張《きんちょう》していた気持ちを子どもなりに発散《はっさん》したかったのでしょう。

「はじめてでしたけど、とても良《よ》い発表会でしたね。発表会だからって特別《とくべつ》なことは何もしていないんですよ。子どもたちは本当にすごいですよね。子どもが楽しければ、それがいちばんだと思います」、後藤《ごとう》さんはいつも通りニコニコしてそう言います。

「上手になったね」

子どもは、そう言われることが大好《だいす》きです。とりわけ子どもたちのおじいさん、おばあさんは、「まぁ、すばらしい演奏《えんそう》でびっくりしたよ〜」と何回でもほめてくれます。子どもたちはすっかりうれしくなって、「もっとよろこんでもらえるようにがんばろう！」と次の日からの練習にも熱《ねつ》が入るのです。

エル・システマがふつうの音楽教室とちがうのは、活動を支《ささ》える大人たちみんなが子どもたちに惜《お》しみない愛情《あいじょう》をそそぐ場所だということです。目いっぱいの愛情《あいじょう》を受けて育った子どもたちは、自分が受けた愛情《あいじょう》を、やがてほかのだれかに返したい、と考えるようになるのかもしれません。相馬のエル・システマでも、特《とく》に中学生以上《いじょう》の子どもたちは、「自分たちが与《あた》えてもらったものを、いつの日かだれかに返したい」といったことを口にする子が出てきているそうです。「将来《しょうらい》は後藤さんや、菊川《きくがわ》さんのような仕事がしたい」、そんな頼《たの》もしい夢《ゆめ》を語る中学生も出てきました。

「相馬の地には、『恩《おん》に感謝《かんしゃ》し、恩《おん》を返しながら生きていく』ことを説《と》いた江《え》戸《ど》時代の農民《のうみん》思想家、二宮尊徳《にのみやそんとく》の教えが根づいているから」、そう言う人もいます。愛情《あいじょう》というものは、きっと受けとった分だけ、バトンのように未来《みらい》に手わたされていくものなのでしょう。

第５章 ♪ 大きな家族のように

日本語の「音楽」には「楽しむ」という文字が入っています。外国語では主に「演奏《えんそう》する」の方に「楽しむ」に近い言葉が当てられています。例《たと》えば、英語《えいご》はplay（プレイ）、ドイツ語はspiel（シュピール）、スペイン語ではjugar（フガール）。どれも「ゲーム」や「遊び」という意味でも使う動詞《どうし》です。音楽を演奏《えんそう》することは、世界中どこの国の人にとっても、楽しいこと、わくわくすること、なのです。

子どもたちに「エル・システマでいちばん楽しいときは？」と聞くと、「音を合わせたとき」。多くの子が決まってそう言います。いろんな楽器《がっき》の音が集まって、水が一気に流れ出すときのように力をはなつ瞬間《しゅんかん》は、だれでも気持ちが高ぶるものです。

「みんなでコミュニケーションして音楽をつくりあげる練習はものすごく楽しい。そこから音楽のおもしろさに気づくと思いますね。合奏《がっそう》すると、やっぱり目つきも変《か》わるし、どきどきするし、音楽が形になったときには、ものすごく大きな感動がありますよ」、浅岡《あさおか》先生は「まちがいない。だいじょうぶ」と自信《じしん》のある表情《ひょうじょう》でそう言います。

週末弦楽器《しゅうまつげんがっき》教室は、おもに相馬市内《そうましない》の「はまなす館」という総合福祉《そうごうふくし》センターのホールを練習場所にしています。パートに分かれて練習していても会場は一緒《いっしょ》ですから、休けい時間になると第一バイオリンのパート練習に、いつの間にか別《べつ》のパートも加《くわ》わってきて、自然《しぜん》とアンサンブルが生まれる、なんてすてきなことも起こります。そんなシーンがたびたび見られるのも大勢《おおぜい》で一緒《いっしょ》に練習するエル・システマならでは、のことです。

「うちでもよくクラシック音楽を聴《き》くようになりました」、そう話す子も増《ふ》えてきました。音楽への関心《かんしん》が高まるにしたがって、子どもたちには、ねばり強くがんばる力もそなわってきました。弦楽器《げんがっき》も三十分、四十分、五十分と、だんだん長い時間にわたって、弾《ひ》き続《つづ》けられるようになっていったのです。

浅岡先生が心がけた練習のポイントは、だらだら弾《ひ》くよりも、短いフレーズをできるだけ一気におぼえること。そうすることで、集中力がより増《ま》すからです。くり返し何度も弾《ひ》いたり、聴《き》いたりして、フレーズごとに音程《おんてい》やリズムを、頭でおぼえるというよりも、からだにしっかりとしみこませてしまいます。

エル・システマの練習はいつもグループでやるので、一人だったらあきてしまうような反復《はんぷく》練習も長く続《つづ》けることができます。すぐにできてしまう子、なかなかできない子、進み具合が子どもによってデコボコしていることが、かえって良《よ》い刺激《しげき》になります。まわりにいろんな子がいることで、「あの子に追いつきたい」「一人だけできなくて、はずかしい思いをしたくない」とがんばる気持ちがわいてくるのです。

曲のむずかしい部分もいっぺんにはやらずに、少しずつテンポを上げていったり、かんたんなリズムに少しずつむずかしい部分をたしていったりしながら、だんだん弾《ひ》けるようにしていきます。

浅岡先生はときおり、「じゃあ、四年生以下《いか》だけでやってみて」「次は五年生以上《いじょう》ね」とグループに分けて弾《ひ》かせてみたりしながら、子どもたちの緊張《きんちょう》感や集中力をとぎれさせない工夫《くふう》をしていました。

♪

相馬の子どもたちがダントツに好《す》きな作曲家はベートーベンのようですが、ドボルザークもかなり人気があります。二〇一五年に入って楽譜《がくふ》がくばられた『交響曲《こうきょうきょく》第八番　第四楽章』は、なかでも「カッコいい！」とみんなのお気に入りでした。

チェロの聴《き》かせどころがたくさんあ

練習が大好き！　カッコよく弾けるようになりたいな

るので、チェロパートの子どもたちは一段《いちだん》と力が入る曲。自分のバイオリンをチェロのようにたてにして、チェロパートをまねしていた子もいたくらいで、その深い音色はみんなのあこがれです。

弦楽器《げんがっき》教室は、いつもは初心者《しょしんしゃ》と経験者《けいけんしゃ》でクラスが分かれていますが、一《いっ》緒《しょ》に練習することがあると、初心者《しょしんしゃ》の子たちも中級者以上《いじょう》の子どもたちがかなでるカッコいいメロディーに心をうばわれてしまうことがあります。

「あの曲に混《ま》ざりたいので、楽譜《がくふ》ください」

「かんたんなのでなくて、ふつうの楽譜《がくふ》もらえませんか」

須藤《すとう》先生のところには、そんな思いを直接《ちょくせつ》ぶつけてくる子も出てきました。

心ときめく音色に触《ふ》れることで、「早く上のグループに行きたい」「もっと上手になりたい」という気持ちが一気に高まるのでしょう。

「ここ数年の間に、子どもたちはどんどん積極的《せっきょくてき》になってきましたね」、須藤先生はそう感じています。

「むずかしい曲でも、子どもたちは『できない』って言わなくなりましたよ。大丈夫《だいじょうぶ》？ って聞くと、『まだ、できない』って言いますよね」と笑《わら》います。

海外の青少年オーケストラが相馬にやってきても、子どもたちははずかしがってはじめはなかなかコミュニケーションをとれなかったそうです。

「このごろは自分から話しかけて、積極的《せっきょくてき》にコミュニケーションをとるようになってきましたね。見ていると、かならず友だちを見つけていますよ。『英《えい》会話《かいわ》は必修《ひっしゅう》だね！』なんて子どもたちには言っていましたけど、会話の勉強もしているみたいですね」

エル・システマでは国内外の演奏家《えんそうか》やジュニアオーケストラとの交流や共《きょう》演《えん》の機会《きかい》がたくさんありますから、仙台《せんだい》や東京《とうきょう》、ときには海外まで遠征《えんせい》に出かけることもあります。その選抜《せんばつ》メンバーの発表は、子どもたちにとっては最高《さいこう》にドキドキする瞬間《しゅんかん》です。選《えら》ばれなくて、がっかりしてしまう子もいるのですが、「次の機会《きかい》は選《えら》ばれるようにがんばろう」「うらやましいけれど、今回は出かける仲間《なかま》たちを応援《おうえん》しよう」、子どもたちはそんな気持ちの切《き》り替《か》えも上手にできるようになってきました。相馬に帰ってくれば、選抜《せんばつ》に選《えら》ばれた子も、選《えら》ばれなかった子も、仲良《なかよ》く一緒《いっしょ》に練習する姿《すがた》が見られます。

海外のジュニアオーケストラとの交流。音楽で心が通じ合えば、自然と話もはずみます

あこがれのベネズエラのブルゾンをもらい、思わずにっこり

子どもたちはそうやって長い時間を一緒《いっしょ》に過《す》ごすなかで、おたがいのきずなも深めてきました。遠征《えんせい》で仙台や東京へ向かうバスのなかでも、最近《さいきん》では先生に言われなくても、年上の子が自然《しぜん》と年下の子の面倒《めんどう》を見るようになりました。「子どもたちが成長《せいちょう》して、私《わたし》もだいぶ楽になってきましたね」、須藤先生はそう言って目を細めます。練習では刺激《しげき》し合っていい影響《えいきょう》を与《あた》え合い、必要《ひつよう》なときには思いやりを持って助け合います。相馬のエル・システマは、まさに目指していた「大きな家族」のようになってきたのです。

第６章 ♪ しあわせがどんどん生まれる音楽

二〇一五年三月末《まつ》、相馬《そうま》の子どもたちが東京《とうきょう》のサントリーホールで共演《きょうえん》することになったのは、ベネズエラのエル・システマ出身で、クラシック音楽界が大注目する若《わか》き指揮者《しきしゃ》、グスターボ・ドゥダメルさんと、彼《かれ》が音楽監督《かんとく》をつとめるＬＡフィル（ロサンゼルス・フィルハーモニック）のユース・オーケストラ「ＹＯＬＡ《ヨーラ》」です。ドゥダメルさんはまだ三十六さい。世界の名立たる指揮者《しきしゃ》は七十代の大ベテランがほとんどですから、エル・システマ出身のドゥダメルさんがいかに若《わか》くして成功《せいこう》した、まれな指揮者《しきしゃ》であるかはわかると思います。

トロンボーン奏者《そうしゃ》の父と声楽家の母の間に生まれたドゥダメルさんは、幼《おさな》いうちから音楽に親しんでいました。五さいのころにベネズエラのエル・システマに参加《さんか》。アブレウ博士《はかせ》に見いだされてからは、弟子《でし》として教えを受けながら、十八さいの若《わか》さでシモン・ボリバル・ユース・オーケストラの音楽監督《かんとく》になりました。ゆたかな才能《さいのう》と音楽への誠実《せいじつ》さ、そして南米の太陽のように明るく、愛情《あいじょう》深い人柄《ひとがら》で、あっという間にエル・システマを引っぱる存《そん》在《ざい》となったのです。

「踊《おど》るオーケストラ」。ベネズエラのエル・システマでもっとも演奏《えんそう》が上手な子たちを集めたシモン・ボリバル・ユース・オーケストラは、そんなふうによばれることもあります。そのきっかけとなったのが、彼《かれ》らがアンコールで演奏《えんそう》した『マンボ』でした。指揮《しき》はもちろん、ドゥダメルさんです。

お客さんの手拍子《てびょうし》に合わせ、大きく体をゆらしながらバイオリンを弾《ひ》いたり、トランペットをくるくるっと回したり、立ちあがって「マンボ！」とコールしたり、会場全体がまるでダンスホールのような熱気《ねっき》です。やがて観客《かんきゃく》もつられて席《せき》を立って踊《おど》り出してしまうコンサートの様子は、YouTube《ユーチューブ》を通して広く世界でシェアされました。エル・システマと言えば、この『マンボ』を思い出す人が多いほど、彼《かれ》らが音楽を楽しむ姿《すがた》は、多くの人の心をとらえました。ドゥダメルさんもこの映像《えいぞう》から、「踊《おど》るオーケストラの指揮者《しきしゃ》」として、一気にその名を知られるようになったのです。

♪

相馬の子どもたちが共演《きょうえん》することになったYOLA《ヨーラ》は、ドゥダメルさんがLAフィルの音楽監督《かんとく》に決定したことがきっかけとなり、二〇〇七年に生まれたアメリカ西海岸版《ばん》「エル・システマ」です。メキシコなど中南米や韓国《かんこく》などからアメリカへやってきた移民《いみん》の子を中心に、さまざまな理由から生活に苦労《くろう》する子どもたちに向けて音楽レッスンや教育支援《しえん》を行っています。

公演《こうえん》に先がけて来日したＹＯＬＡ《ヨーラ》の十五人のメンバーが、三月二十六日に相馬へやってきました。子どもたちは英語《えいご》で会話を交《か》わすことはできなくても、大好《だいす》きな音楽を通じておたがいの心は近くにあると感じていました。サントリーホールの公演《こうえん》に向けて都内に移動《いどう》した後は、一緒《いっしょ》に東京スカイツリーの展望《てんぼう》ホールを見学したり、トランプやゲームをしてもりあがったり、写真をとり合ったり、笑《わら》い合ったり、まるで古くからの親友のように打ちとけてすごしました。

二十九日、公演《こうえん》当日は上着をぬぎたくなるような、うららかな日ざしがふりそそぐ一日でした。サントリーホールへ向かう桜坂《さくらざか》は、ちょうど桜《さくら》が満開《まんかい》。あわいピンクのドレスをまとった桜《さくら》も、精《せい》いっぱいのおめかしでお客さんを出むかえています。道行く人がスマートフォンのカメラをかざして立ち止まっては、写真をとっていました。

サントリーホールは、一九八六年にオープンした国内最高《さいこう》のクラシック音楽ホールの一つで、音響《おんきょう》もすばらしく、プロにとってもあこがれの場所です。大ホールに入ってまず目に飛《と》びこんでくるのは、ステージ正面にドンとそなえつけられた世界最大級《さいだいきゅう》のパイプオルガン。客席《きゃくせき》がぐるりとステージを取りかこむつくりは、演奏《えんそう》する人とお客さんが一体感を感じられるように考えられたもので、ふしぎと温かみがあります。

ドゥダメルさんのポスターがおかれたホール正面入り口には、早い時間からたくさんの音楽ファンがつめかけました。午前十一時となり、開演《かいえん》のお知らせが流れると、千五百人を超《こ》えるお客さんでうめつくされたホールのざわめきはすっと静《しず》けさに変《か》わり、公演《こうえん》がはじまりました。

オープニングはこの日にふさわしく、相馬子どもコーラスの『さくらさく

サントリーホールで『さくらさくら』を歌う相馬子どもコーラス

ら』。桜《さくら》の精《せい》のような子どもたちの優美《ゆうび》な歌声に、きっとだれもがホールの外の桜並木《さくらなみき》を思い起こし、うっとりしたことでしょう。子どもたちのすんだ歌声が、会場の緊張《きんちょう》をやさしくほぐしていきます。

続《つづ》いて、相馬子どもオーケストラとＹＯＬＡ《ヨーラ》によるドボルザーク『交響曲《こうきょうきょく》第八番　第四楽章』の公開リハーサルです。子どもたちも大のお気に入りのドボルザークをドゥダメルさんの指揮《しき》で弾《ひ》くなんて、本当に夢《ゆめ》のようです。会場のお客さんも、いよいよ待ちかねたドゥダメルさんの登場とあって、息をのんでステージを見守ります。

トレードマークのくりくりとカールした長髪《ちょうはつ》を短くカットしたドゥダメルさんは、エル・システマジャパンのＴシャツ一枚《いちまい》のラフな服そうで、「ハロー！」と言いながら、現《あらわ》れました。相馬の子どもたちも、みんなエル・システマジャパンの白Tシャツを着ていましたから、おそろいです。

ドゥダメルさんは、ほおにちいさなえくぼができる、あのチャーミングな笑《え》みをうかべながら「タ、タン、タ、タン」と曲に合わせて歌いながら指揮《しき》をしています。子どもたちは歌いながらタクトをふるドゥダメルさんに、ちょっとびっくりしながらもついていきます。

「僕《ぼく》、歌うのが好《す》きなんだ」

「春が来たね。ここ、とってもきれいだと思わないかい？」

「楽器同士《がっきどうし》で会話をするように」

「シンギング、シンギング（歌って）」
「カンタービレ（歌うように）！」

ドゥダメルさんは、まるで楽屋でおしゃべりでもしているかのようにリラックスした様子で子どもたちに語りかけます。子どもたちも、ちいさくうなずいていています。

とちゅう、曲をストップし、ビオラが「ト、ト、ト、ト、ト、トトトット」とオブリガート（伴奏《ばんそう》）をきざむところを、「二、四、六、八小節目《しょうせつめ》で、もっと弓を使った方がいいね」と説明《せつめい》していたときのことです。ドゥダメルさんは、とつぜんふり返り、横に立ってドゥダメルさんの言葉を通訳《つうやく》していた初代《しょだい》フェローの山本綾香《やまもとあやか》さんに、「ト、ト、ト、ト、トトトット。さぁ、君が歌ってみて」と話しかけます。

エル・システマジャパンのTシャツを着たドゥダメルさん

ドゥダメルさんとお話できたよ！　すごくやさしかった！

「え？　私《わたし》ですか？」

ふいをつかれた山本さんが、ちょっととまどってからそのリズムを歌ってみせると、ドゥダメルさんは「いいよ、ブラボー！」とほめて、笑顔《えがお》であく手を交《か》わします。このやりとりには会場からもどっと笑《わら》いが起こり、拍手《はくしゅ》もわき起こりました。空気が一気にやわらぎ、子どもたちの目も生き生きとしてきました。

きちんと呼吸《こきゅう》をしながら楽器《がっき》を弾《ひ》くことも、ドゥダメルさんは教えていました。「みんなちゃんと息をしている？　しっかり息をすってから音を出さないと、こんなざらざらな音になっちゃうよ」としわがれ声を出して、みんなを笑《わら》わせます。

トランペットとチェロのかけ合いの場面では、「トランペットとチェロが『イエス』『ノー』って言い合ってけんかをしているんだよ」と、「イエス！」「ノー！」「イエス！」「ノー！」とコミカルにタクトをふって会場は笑《わら》いのうずに。

時間はあっと言う間にすぎ、最後《さいご》は一気に弾《ひ》ききってフィニッシュ。子どもたちの気持ちをうまく引き出すマジックのようなリハーサルに会場全体がしあわせな空気につつまれたところで、舞台《ぶたい》はアンコールへ。アンコール曲は、チャイコフスキーのバレエ組曲『くるみ割《わ》り人形』から『ロシアの踊《おど》り』、そして、モーツァルトの合唱曲《がっしょうきょく》『アヴェ・ヴェルム・コルプス』です。

モーツァルトが、体調をくずした妻《つま》の世話をしてくれた友人のために書いたこの教会音楽は、相馬市では毎年三月十一日の追悼式典《ついとうしきてん》でも演奏《えんそう》される特《とく》別《べつ》な曲。民衆《みんしゅう》の身代わりとなって天にのぼるイエス・キリストを歌ったこの歌詞《かし》に、相馬の人たちは大震災《だいしんさい》で津波《つなみ》がせまっていたとき、市民《しみん》のひなん誘導《ゆうどう》に力をつくして亡《な》くなった消防団《しょうぼうだん》ボランティアのいさましい姿《すがた》を重ねずにはいられないのです。子どもたちはいつものように心を一つにし、この日はひときわ美しいハーモニーを広いホールいっぱいにひびかせました。

やさしく肩《かた》に手をおくように、そっと曲が終わると、会場は一瞬静《いっしゅんしず》まり返《かえ》り、すぐにわれんばかりの拍手《はくしゅ》がわき起こりました。指揮《しき》をしたドゥダメルさんも胸《むね》にこみあげるものがあったのか、少しの間、下を向いたままでしたが、そのまま子どもたちに静《しず》かな拍手《はくしゅ》をおくっていました。

♪

終演後《しゅうえん》、YOLA《ヨーラ》と相馬の子どもたちは、なごり惜《お》しそうにメールアドレスを交換《こうかん》したり、ハグし合ったり――、涙《なみだ》を見せる子どももいました。大きなイベントの日程《にってい》をすべて終えてほっとした気持ちと別《わか》れの切なさと、子どもたちの胸《むね》にはきっといろんな感情《かんじょう》がこみあげていたのだと思います。

子どもたちは国内外の音楽家やユース・オーケストラなどと共演《きょうえん》をするたびに後で感想文を書くのですが、サントリーホールの感想は特《とく》にたくさん集まっていて、それだけ子どもたちの胸《むね》もときめいたことがわかります。

「ドゥダメルさんが頭をなでてくれたので、やる気が出ました」と、かわい

四日間を共にし、すっかり打ちとけた子どもたち

「また会えるよね」。仲良くなったYOLAのメンバーと約束してお別れ

らしい感想を書いていたのは、魁《ほくと》くん。
「YOLA《ヨーラ》の子たち、そして吹奏楽部《すいそうがくぶ》との合同練習。みんなで音を合わせると迫力《はくりょく》がちがって、鳥肌《とりはだ》が立ちました。かっこいいって思いました。ドボルザークかっこいいって思いました。結果《けっか》は大成功《だいせいこう》。拍手《はくしゅ》がいっぱいでした。こんなに拍手《はくしゅ》をもらうのははじめてで泣《な》きそうになりました」（秋絵《しゅうか》さん）
「今までもいろいろすてきな演奏会《えんそうかい》をしてきたけど、こんなにすてきな演奏《えんそう》はなかったのでとてもうれしかったです」（詩緒莉《しおり》さん）
「ドゥダメルさんが演奏《えんそう》のアドバイスを私《わたし》たちにわかりやすく、おもしろく教えてくださり、自然《しぜん》に笑顔《えがお》になり、楽しく演奏《えんそう》をすることができました」

（朱音《あかね》さん）

「音楽を通して出会い、音楽を通してコミュニケーションをとり、笑《わら》い合うことができました。音楽を通して心がつながるということをあらためて実感することができました」（歩佳《あゆか》さん）

「ドゥダメルさんの指揮《しき》はとてもていねいな説明《せつめい》でわかりやすかったです。歌をのびのび歌うことができました。最後《さいご》の『アヴェ・ヴェルム・コルプス』では、合唱《がっしょう》と弦楽器《げんがっき》の距離《きょり》がいっそう縮《ちぢ》まったと思いました」（旭《あさひ》さん）

「公開リハーサルの後、笑顔《えがお》のお客さんを見て、私《わたし》はあらためて音楽のすばらしさを実感することができました。ＹＯＬＡ《ヨーラ》の演奏《えんそう》を間近で見せてもらって、同年代であるのにすばらしい技術《ぎじゅつ》を身につけ、楽しそうに演奏《えんそう》している姿《すがた》を見て、とても刺激《しげき》を受けました。私《わたし》たち以上《いじょう》の向上心を持ち、音楽を心から愛《あい》し、日々練習に取り組んでいるのではないかと思います。言葉が通じなくても、音楽を通し、よろこびを共感《きょうかん》できるすばらしさを学びました」（冬《ふゆ》華《か》さん）

息をすること、気持ちを合わせること、歌うように弾《ひ》くこと、曲の感情《かんじょう》を想像《そうぞう》すること、そして、楽しむこと――。ドゥダメルさんが教えてくれたことは、合奏《がっそう》をする上でいつも心にとめておきたい、大切なことばかりでした。

YOLA《ヨーラ》やベネズエラのエル・システマの子どもたちが日本の子どもたちといちばんちがうのは、演奏《えんそう》中に目でおたがいにコンタクトをとりながら楽しく弾《ひ》く、というところかもしれません。まじめな日本の子どもたちは演奏《えんそう》に集中してしまうあまり、仲間《なかま》と顔を合わせながら楽しんで弾《ひ》く、ということが意外とむずかしかったりします。

ビオラの冬華さんは、YOLA《ヨーラ》やベネズエラのエル・システマとの交流を通じて、「楽しく弾《ひ》く」ことを強く意識《いしき》するようになったと言います。

「一緒《いっしょ》に演奏《えんそう》させてもらって、いつしかその世界に引きこまれました。以前《いぜん》、海外の演奏家《えんそうか》の方に指導《しどう》を受けたとき、弾《ひ》いていただいた音色をよく聴《き》いて自分なりに感じたことを音にのせたときに、すごくほめていただいて、そのときに言葉は通じなくても何かが通じたのだとわかりました。自分も楽しく演奏《えんそう》できるふしぎな力を持っていることに気づいてからは、心から楽しんで弾《ひ》くことを意識《いしき》するようになりました」

ドゥダメルさんは、「美しい芸術《げいじゅつ》に触《ふ》れ、みんなでシェアする。それが大事なのです」とメッセージを残《のこ》していました。

YOLA《ヨーラ》やドゥダメルさんの「心から音楽を楽しむ」姿勢《しせい》に触《ふ》れて、「あぁ、自分もあんなふうに弾《ひ》きたいな」とあこがれを感じた相馬の子どもたち。音楽とは、聴《き》いたり、歌ったり、弾《ひ》いたりしながら、自分にも、まわりの人にも、しあわせがどんどん生まれて広がっていくもの。楽譜《がくふ》通りにきっちりやることだけがゴールではなく、オーケストラはつながり合い。仲間《なかま》や家族、世界、いろんなものとゆたかにひびき合ってこそ、真実の音楽なのです。

第７章 ♪ ベートーベンとの出会い

二〇一六年三月、東日本大震災《だいしんさい》から五年の節目《ふしめ》に行われた「ドイツ公演《こうえん》ツアー」は、相馬の子どもたちにとっては〝一大事件〟とも言えるコンサートでした。

弦楽器《げんがっき》をはじめて数年ほどの子どもたちが、ドイツが誇《ほこ》るベルリン・フィルハーモニー管弦楽団《かんげんがくだん》の第一コンサートマスターをはじめ、超一流《ちょういちりゅう》のプロ奏《そう》者《しゃ》たちとベートーベンの『交響曲《こうきょうきょく》第五番〈運命〉』を弾《ひ》くことになったのです。

しかも、子どもたちが長いシンフォニーを通して弾《ひ》くのは、まったくはじめてのことでした。

ベルリンフィルと言えば、フルトベングラーにカラヤン、アバド、そして今はサイモン・ラトルと、歴代指揮者《れきだいしきしゃ》の顔ぶれを見てもわかるように、クラシック音楽を知る人なら、だれもがあこがれる名門オーケストラです。そのベルリンフィルの室内楽ホールで、はじめての交響曲《こうきょうきょく》に挑戦《ちょうせん》するなんて——。言ってみれば、それはちょっとした奇跡《きせき》でした。

♪

ドイツ公演《こうえん》で〈運命〉を演奏《えんそう》する夢《ゆめ》がかなったのは、子どもたちのがんばりもさることながら、「あしながおじさん」のような熱《あつ》いハートを持った支援《しえん》者《しゃ》がベルリンにいたことも大きな理由でした。その支援者《しえんしゃ》とは、エル・システマジャパンがまだ立ちあがる前に菊川《きくがわ》さんに国際《こくさい》電話をかけてきた、あのハウバーさんです。

エル・システマジャパンは、ハウバーさんの行動力に背中《せなか》を押《お》されたこともあって二〇一二年の三月に立ちあがりました。その年の九月、ハウバーさんが企画《きかく》したベルリンのチャリティーコンサートには、ベルリンフィルから十二人の若《わか》いチェリストが出演《しゅつえん》し、集まったお金やCDの売りあげはすべて相馬《そうま》の子どもオーケストラ&コーラスの設立支援《せつりつしえん》のために寄付《きふ》されました。ハウバーさんとベルリンフィルは、相馬の子どもたちをはじめから温かく見守ってくれた恩人《おんじん》でした。

このとき、菊川さんはメディアに向け、「いつか子どもたちとドイツを訪《おとず》れて、支援《しえん》をしてくださったみなさまにお礼をしたい」と話していましたが、その願《ねが》いは三年半ほどで、早くもかなうことになりました。

きっかけはベルリン日独《にちどく》センターからの招待《しょうたい》でした。日独《にちどく》センターは、震《しん》災《さい》の後、相馬の三つの中学の器楽部《きがくぶ》へ、震災《しんさい》で失《うしな》った楽器《がっき》を買うお金を寄付《きふ》してくれていました。その縁《えん》から、相馬子どもオーケストラ&コーラスのその後も気にかけてくれていたのです。震災《しんさい》からまる五年に当たる二〇一六年三月に子どもたちをベルリンに招待《しょうたい》できないかという話が持ちあがり、菊川さんとセンターの間で調整が進みました。

もちろん、菊川さんはハウバーさんにも連絡《れんらく》を入れました。すでに子どもたちは三月十一日には日独《にちどく》センターで、三月十三日にはJ・S・バッハが眠《ねむ》るライプツィヒというまちのトーマス教会で演奏《えんそう》することは決まっていましたが、またしてもハウバーさんの行動力により、三月十日に空いていたベルリンフィルの室内楽ホールをまるまる押《お》さえることができたのです。子どもたちは三年半前に相馬の子どもたちのためのチャリティーコンサートが開かれたまさにその場所で、ベートーベンを弾《ひ》くことが決まりました。

ベートーベンの『交響曲《こうきょうきょく》第五番〈運命〉』と言えば、まちがいなく世界でいちばん有名なシンフォニーです。「ベートーベンをやるよ」と言われると、「うわぁ！」と歓声《かんせい》が上がるくらい子どもたちはベートーベンが大好《だいす》きなのですが、〈運命〉はやはりむずかしい曲です。子どもたちが弾《ひ》くとすれば、よっぽど練習が必要《ひつよう》なはずですが、相馬の子どもたちが曲の楽譜《がくふ》をわたされたのは、なんと本番まで半年を切った二〇一五年十月のことでした。

〈運命〉に取り組むに当たって、浅岡《あさおか》先生がもっとも気にかけていたのは、子どもたちのやる気と集中力でした。いきなり全楽章の楽譜《がくふ》をわたされたとしたら、子どもたちは「えー！　こんなの絶対無理《ぜったいむり》！」と気持ちがひるんでしまったかもしれません。浅岡先生はまず、〈運命〉を弾《ひ》くために必要《ひつよう》なテクニックを取り出して短い練習曲をいくつもつくりました。楽譜《がくふ》をわたすことを急がず、〈運命〉を弾《ひ》ききるための準備《じゅんび》の方に力を入れ、十分な時間をかけることにしたのです。

たとえて言うなら、何の準備《じゅんび》もせずに四十二・一九五キロのマラソンを完走《かんそう》しようとするのは無茶《むちゃ》ですが、毎日少しずつ走りこんでからだと脳《のう》を慣《な》れさせていけば、だんだんと長い距離《きょり》も無理《むり》なく走れるようになっていきます。浅岡先生がとった方法《ほうほう》も、そんなイメージだったのかもしれません。

楽譜《がくふ》がくばられ、練習が本格化《ほんかくか》してからも、浅岡先生は楽譜《がくふ》を細かく分けて指導《しどう》していきました。第一楽章を集中的《しゅうちゅうてき》にやってから、第四楽章を譜読《ふよ》みし、第二楽章、そして、最後《さいご》に第三楽章へ。「今日は、ここまでやるよ」と毎回目標《もくひょう》をはっきりさせ、子どもたち一人ひとりの様子を注意深く見ながら、練習ペースもそのつどコントロールしていきました。こうしてコツコツとやるべきことを積《つ》みかさねていって、最終的《さいしゅうてき》には大きなジグソーパズルで全体《ぜんたい》像《ぞう》が姿《すがた》を見せるときのように、ボリュームのある交響曲《こうきょうきょく》もようやくしあがりが見えてきたのです。

ついには本番まで、子どもたちが朝から晩《ばん》まで練習づけになるようなことは一度もなかったと言いますから、行きすぎたプレッシャーをかけずに目標《もくひょう》をやりとげてしまう浅岡先生や須藤《すとう》先生の指導力《しどうりょく》には、ただただ「すごい！」とおどろかされるばかりです。

楽器経験《がっきけいけん》が二年半〜三年半ほどの子どもがほとんどのオーケストラが、べルリンフィルの室内楽ホールでベートーベンのシンフォニーを演奏《えんそう》するなんて、ふつうは考えられない企画《きかく》だったでしょう。しかし、子どもたちは急成《きゅうせい》長《ちょう》していましたし、彼《かれ》らのこれからを考えたとき、この経験《けいけん》はとてつもない勇気《ゆうき》になると、浅岡先生も菊川さんも確信《かくしん》していました。コンサートがゴールではない、と。たとえリスクがあったとしても、子どもたちがコンサート後にもっと成長《せいちょう》できるのなら、まよわずチャレンジすることを選《えら》ぼうじゃないか。エル・システマを支《ささ》える大人たちの決断《けつだん》は、このときも変《か》わらずいさぎよいものでした。

浅岡先生は、自分が学生のときに参加《さんか》したスイスの公演《こうえん》ツアーのことは、演奏《えんそう》した曲とともに今でもはっきりおぼえていると言います。大人になっても耳にするだけで知らずに指が動いてしまい、口ずさんでしまうような愛着《あいちゃく》のある曲。メロディーとともにそのときの情景《じょうけい》や胸《むね》の高まりまでもあざやかによみがえってくる曲――。

今後、子どもたちの心が大きくゆれ動くような出来事が起きたとき、ふとドイツ公演《こうえん》を思い出しながら、〈運命〉をかなでることがあるのかもしれません。これからの人生をともに歩んでいく、そんな大切な曲は、何度勉強してもそのたびに新しい発見があるような、クラシック音楽の名曲こそふさわしい。浅岡先生はそう考えて、この選曲《せんきょく》はゆずれなかったと言います。

♪

「〈運命〉を演奏《えんそう》することで、子どもたちはベートーベンに出会う経験《けいけん》ができるんです」

ベートーベンがドイツのボンというまちに生まれたのは、今から二百五十年近く前のことですが、浅岡先生はそんなふうに説明《せつめい》します。
「ぼくは、古典《こてん》音楽の名作は人類最高《じんるいさいこう》の知性《ちせい》だと思っています。そういったすばらしい作品を演奏《えんそう》することで、彼《かれ》のインスピレーションや強い精神力《せいしんりょく》を、彼《かれ》が感じたのと同じように、からだのなかに入れることができる。これはすごいことなんですよ。それは、世界最高《さいこう》のオーケストラを聴《き》きに出かけるより、ずっとずっと価値《かち》のある、大きな経験《けいけん》になります。人とは何か、どう生き、どのように考えるか。人生はこんなに苦しみがあるけど、こういうところがすばらしいものであるとか。そういうことを音に表して、作品に起こしてある。子どもたちは演奏《えんそう》を経験《けいけん》することで、ベートーベンとの対話というものを一生持っていくことができるのです」

ベートーベンは二十代後半から耳の病気にかかり、音楽家にとってもっとも大切な聴力《ちょうりょく》をだんだん失《うしな》っていきました。三十一さいのときには遺書《いしょ》をしたため、自殺《じさつ》してしまおうとまで思いつめます。その絶望《ぜつぼう》のふちからはいあがり、強い気持ちを持ってふたたび作曲に立ち向かった後に書かれた作品が〈運命〉でした。聴力《ちょうりょく》をほとんど失《うしな》ってしまったかなしみは第一楽章で表され、それがドラマチックな物語のように、第四楽章までにスケールの大きなよろこびに変《か》わっていきます。

心を波立たせる人間の日々の感情《かんじょう》。どん底《ぞこ》まで落ちこむときがあったから、しあわせも大きく感じられるというように、絶望《ぜつぼう》に向き合う勇気《ゆうき》があったからこそ、苦しみのなかに見えてくる生きる意味やよろこび。

「心がぞわぞわする」

「あるメロディーにふと泣《な》きそうになる」

もわっとしていても、今は何か強い感情《かんじょう》が胸《むね》にわきあがるということでいいのかもしれません。ベートーベンが音で考え、表現《ひょうげん》していることが、十年以上《いじょう》たって「あ、そういうことだったのか！」とわかる瞬間《しゅんかん》が訪《おとず》れるのかもしれません。子どもたちの今後の人生にベートーベンが曲を通してよりそってくれるとすれば、演奏《えんそう》の経験《けいけん》はかならず子どもたちの生きる力の助けとなる。浅岡先生と菊川さんがいちばん大切だと考えたのは、そこのところでした。

♪

「本当に夢《ゆめ》のような話でしたよ」

吹奏楽《すいそうがく》の音楽監督《かんとく》をつとめる岡崎《おかざき》先生は、ドイツ公演《こうえん》をふり返り、かみしめるようにそう言います。

「子どもたちがあんなに変《か》わっていくんだもん。おどろいたよ」、相馬市の教育委員会でエル・システマの事業を担当《たんとう》する植田《うえだ》さんもあいづちを打ちながらそう言います。

植田さん――、あれ？　どこかで聞いたことのある名前ですよね。

そう、その通りです。

二〇一一年十二月、相馬がどういう方法《ほうほう》でエル・システマに取り組めるかを話し合うためにはじめて集まりを開いたときにやってきた、音楽好《ず》きの市《し》職員《しょくいん》さん、農林水産課《すいさんか》で食品の放射線検査《ほうしゃせんけんさ》を担当《たんとう》していた、あの植田さんです。植田さんは市役所を定年退職《たいしょく》してから教育委員会の仕事を手伝《てつだ》うことになり、エル・システマの担当職員《たんとうしょくいん》になっていたのです。人の縁《えん》とはまったくふしぎなものです。

菊川さんも〝ドイツマジック〟とでも言うべき、子どもたちが本番直前に見せたのびしろの大きさにおどろいていました。

「子どもたちは緊張《きんちょう》していたとは思いますが、それを乗《の》り越《こ》えていましたね。三月九日、十日の午前中、ベルリンフィルの練習室を貸《か》し切《き》りにして、パート別《べつ》にベルリンフィルの方たちと集中して練習することができました。ベルリンフィルのパワーに子どもたちはちゃんとついていっていましたし、それで子どもたちは一気に真剣《しんけん》さが増《ま》したと思います。本番直前の二日間でいちばんのびたと思いますね」

指揮《しき》をしたベルリンフィルのスタンリー・ドッズさんも、曲に対する気持ちの準備《じゅんび》ができている子どもたちの様子にすっかり感心していました。

「相馬の子どもたちはとてもがんばり屋さん。演奏《えんそう》するのが楽しくてしかたがない気がします。プロ奏者《そうしゃ》のヘルプなしに子どもたちだけで練習している

ベルリンフィルのコンサートマスター、ダニエル・シュタブラーバさんとの直前練習

ときに指導《しどう》したのですが、そのときに子どもたちがどれほど情熱《じょうねつ》を持って真剣《しんけん》に音楽に取り組んでいるか、そして、音楽の特長《とくちょう》を非常《ひじょう》によく理解《りかい》していることがわかって、とてもおどろきました」

福島《ふくしま》からはるばるドイツへやってきた子どもたち。楽器《がっき》をはじめてたった数年ではあっても、一人ひとりが「ちいさなミュージシャン」としてきちんと気持ちの準備《じゅんび》をし、責任《せきにん》を持って舞台《ぶたい》にあがろうとしていることがドッズさんにはよくわかったのです。

♪

三月のベルリンの日の入りは夕方の六時ごろ。七時半を回ると夜はもうだいぶ深く感じられます。ヨーロッパの人たちは夜に家族や恋人《こいびと》と連《つ》れ立《だ》ってまちにくり出し、映画《えいが》やコンサート、そして食事をゆっくり楽しむ習慣《しゅうかん》があるので、開演《かいえん》は日本よりもだいぶ遅《おそ》めです。相馬の子たちも、ちいさな子は時おり押《お》しよせる眠気《ねむけ》とたたかいながら、開演《かいえん》時間の夜八時を待ちました。支援《しえん》をしてくれたベルリンの人たちに最高《さいこう》のパフォーマンスを見てもらうためにも、しっかりと気を引きしめます。

「ダダダダーン！」

本番では、緊張《きんちょう》感あふれる出だしの音も、みんなの気持ちがそろっていて見事でした。ダイナミックに、時に腰《こし》をうかせるほど熱《ねつ》のこもった演奏《えんそう》を見せたベルリンフィルメンバーの後ろで、ちいさなからだを精《せい》いっぱい使って負けずについていく子どもたち。木管《もっかん》や金管《きんかん》、打楽器《だがっき》パートの高校生たちも、大人の方がびっくりするくらい堂々《どうどう》と演奏《えんそう》しています。

演奏《えんそう》が終わったとき、鳴りやまない拍手《はくしゅ》のなか、岡崎先生は感動のあまり、人目もはばからず泣《な》いてしまったと話していました。

「客席《きゃくせき》でボロボロ涙《なみだ》を流していた。もう止まらなくてね。ぼくも、ピッコロで参加《さんか》するアンコールのために舞台《ぶたい》に上がらなきゃいけなかったんだけど、すぐには立ちあがれないくらいだった。子どもたちはやっぱりすごいね。この二日間でものすごく成長《せいちょう》していますよ。パート練習のときも、一人の子どもにベルリンフィルのメンバーが何人もついて、ボウイング（弓の動かし方）やかまえ方についてこまかな指導《しどう》があったと聞きましたよ。ふつうでは考えられないくらい貴重《きちょう》な体験《たいけん》ができました。今はまだよくわからなくても、五年、十年たって、あのときはとんでもないことをやったと気づくでしょうね」

〈運命〉では、ファゴットやホルンなどの管楽器《かんがっき》が重要《じゅうよう》な音をかなでます。相馬子どもオーケストラのメンバーはみんな弦楽器《げんがっき》なので、ドイツ公演《こうえん》には相馬高校と相馬東《ひがし》高校の吹奏楽部《すいそうがくぶ》から選《えら》ばれた十四人も参加《さんか》していました。パワフルな管楽器《かんがっき》が加《くわ》わると、音に厚《あつ》みが加《くわ》わって、合奏《がっそう》はとびきりはなやかになります。オーケストラの子どもたちも、「いろんな音が聞こえて楽しい！」「トランペットの大きな音がステキ」と、高校生との共演《きょうえん》をとても楽

管楽器の高校生たちは、子どもたちみんなのあこがれです

しみにしていました。

岡崎先生は管楽器《かんがっき》の高校生たちのがんばりに心を打たれていました。

「今回参加《さんか》した子たちも、吹奏楽《すいそうがく》ばっかりやってきたからまさかオーケストラで演奏《えんそう》するとは考えてなかったと思う。しかも、オーケストラの管楽器《かんがっき》はみんなソリストでしょ。プレッシャーかかりますよね。ぼくだったら相当プレッシャーかかりますよ。でも、彼《かれ》らは堂々《どうどう》としていたし、実にひょうひょうとやっていました。指揮《しき》をしたドッズさんも、『あのトランペットは上手だったねー』なんて、ほめてくださっていましたよ」

だれもが「うそだろう?」とびっくりするような出来事もあったと、岡崎先生はほおを少し赤くさせ、うれしそうに話します。

「ファゴットを吹《ふ》いた高校二年の女の子は、ファーストポジションをずっとさらってきたわけですよ。でも、ベルリンフィルにはファーストのところに首席奏者《しゅせきそうしゃ》のシュテファン・シュバイゲルトさんがすでに座《すわ》っているわけ。そりゃそうですよね。『私《わたし》はファーストしか吹《ふ》けないんですけど……』って彼女《かのじょ》が申しわけなさそうに話すと、シュバイゲルトさんは、『あぁそうか、わかった、わかった』って、彼女《かのじょ》にファーストをゆずったんです。彼《かれ》はカラヤンやアバドがベルリンフィルを指揮《しき》していたころから三十年以上ファーストを吹《ふ》いてきて、今回相馬の子どもたちとの共演《きょうえん》ではじめてセカンドに回ったと思うんですよね。でも、彼女《かのじょ》は『すいません……』って言いながらも、本番は実に堂々《どうどう》と吹《ふ》いていた。オーボエでも同じことが起きていましたね。それぞれ演奏《えんそう》後は同じパートどうし、かなり親しくなっていましたよ。本当に夢《ゆめ》のような話でしょ」

想像《そうぞう》をはるかに超《こ》えた子どもたちの見事なパフォーマンス。「音楽と仲良《なかよ》くしながら、しっかり前を向いてすごせています」というメッセージを、相馬の子どもたちは大好《だいす》きな音楽にのせて、ベルリンのお客さんたちに届《とど》けることができたのです。

バイオリンパートのなかでも、みんなのお兄さん的存在《てきそんざい》の中学二年生の隆《たか》行《ゆき》さんは、ドイツ公演《こうえん》を通していろいろなことを考えたと言います。

「ぼくと同じくらいのレベルの努力《どりょく》をしている人はいくらでもいます。それでもこの最高《さいこう》の舞台《ぶたい》に立てるのは、ぼくらが大きな災害《さいがい》を経験《けいけん》した被災者《ひさいしゃ》で、そのぼくらを支援《しえん》してくれる人たちがいるからこそ。そのことをプラスにとらえて、これからも音楽を楽しんでいくこと、向上心を忘《わす》れないことが、ぼくたちがするべきことだとあらためて思いました。これからもずっとバイオリンを勉強していきたいと思っていますが、今回はぼくたちが音楽を続《つづ》けていく上で大切なことを再確認《さいかくにん》できて良《よ》かったです」

〈運命〉をみごとに演奏し、感動さめやらぬ一同

第8章 ♪『マンボ』とかさなる風景《ふうけい》

ホールに〈運命〉の余韻《よいん》がただようなか、用意されたアンコール曲は、相《そう》馬《ま》に伝《つた》わる民謡《みんよう》『相馬盆唄《ぼんうた》』でした。ここではベルリンのプロ奏者《そうしゃ》たちはお休みし、子どもたちの演奏《えんそう》に耳をかたむけます。指揮《しき》も浅岡《あさおか》先生に変《か》わりました。

クラシック音楽にはないユニークなリズム、和だいこの「ドン！」というおなかにひびく重い音、そしてふちをたたいたときの軽《かろ》やかな音色、合いの手で入るかけ声――。情熱的《じょうねつてき》なベートーベンの世界から雰囲気《ふんいき》は一変《いっぺん》して、目を閉《と》じれば日本の夏の盆踊《ぼんおど》りのきらきらとした光景《こうけい》がうかんでくるような曲調です。地域《ちいき》のお祭りでは子どもも、お母さんも、お父さんも、おじいさんも、おばあさんも、近所のおじさん、おばさんも、みんなでゆかたを着て踊《おど》る、楽しい盆踊《ぼんおど》りの曲。日本らしいダンスのメロディーにお客さんも表情《ひょうじょう》がなごみます。

それはちょうど、ベネズエラのシモン・ボリバル・ユース・オーケストラがアンコールで『マンボ』を心から楽しそうに演奏《えんそう》する様子を思い起こさせました。『マンボ』を書いたバーンスタインはアメリカの作曲家です。ベネズエラのユース・オーケストラでは、自分たちのルーツに近いアメリカ大陸《たいりく》、特《とく》にラテンアメリカの音楽家の曲を多く取りあげています。ブラジルのゼキーニャ・ジ・アブレウ、アルゼンチンのアルベルト・ヒナステラや、メキシコのカルロス・チャベス、アルトゥロ・マルケス――。ベネズエラの子ど

もたちが大好《だいす》きな音楽家たちです

相馬のルーツとも言える『相馬盆唄《ぼんうた》』も、シモン・ボリバル・ユース・オーケストラの『マンボ』のような、そんなふるさとの風景《ふうけい》を想像《そうぞう》させる曲としてベルリンの観客《かんきゃく》を楽しませました。

岡崎《おかざき》先生も、その演奏風景《えんそうふうけい》はこんなふうに映《うつ》ったと話します。

「ベネズエラの子たちが、国旗《こっき》をデザインした赤と青と黄のおそろいのブルゾンを着てベネズエラやあの辺《あた》りの曲を踊《おど》りまくって演奏《えんそう》するのと、私《わたし》たちが相馬の民謡《みんよう》を合いの手を入れながら演奏《えんそう》するのが、なんかベルリンでは同じ感じに思えてね。『はあ、よーい、よーい、よーいとな!』なんて言いながら、軽《かろ》やかに演奏《えんそう》したのでみんなよろこんじゃいましたよ。日独《にちどく》センターでも演奏《えんそう》しましたが、こちらは日本をなつかしむ日本人や日系人《にっけいじん》のお客さんも多かったから、『ブラボー！』って歓声《かんせい》がすごくてね。アンコールなのに二回も演奏《えんそう》したんですよ」

『相馬盆唄《ぼんうた》』をオーケストラで演奏《えんそう》できた背景《はいけい》には、楽譜《がくふ》のない相馬の民謡《みんよう》を、オーケストラとコーラスと吹奏楽《すいそうがく》で演奏《えんそう》できるよう編曲《へんきょく》するプロジェクトを進めていた植田《うえだ》さんと岡崎先生の努力《どりょく》がありました。

植田さん、岡崎先生、楽器修理《がっきしゅうり》の後藤《ごとう》さんも、弦楽器指導《げんがっきしどう》の須藤《すとう》先生もそうですが、エル・システマを支《ささ》える相馬出身のスタッフの間には、仕事上の立場を越《こ》えて、長い年月を通じてつちかわれた強い仲間意識《なかまいしき》があります。それはまぎれもなく、相馬の風土と音楽がはぐくんでくれたもの。今エル・システマで音楽を学んでいる子どもたちの好奇心《こうきしん》と同じように、大人たちにだって、相馬に育ててもらった自分の力をいかんなく発揮《はっき》したい気持ちがあるのです。相馬の活動を見ていると、両者の思いの流れがまるでハーモニーをかなでているように、強く美しくよりそっているのを感じます。

ドイツ公演を終え、ブランデンブルク門の前で記念撮影

第９章 ♪ オーケストラという乗りもの

相馬《そうま》の子どもオーケストラ＆コーラスは、震災《しんさい》からの復興《ふっこう》を目的《もくてき》に取り組んだ世界ではじめてのエル・システマとして、国内外のたくさんの人たちの支援《しえん》を受け、各地《かくち》の子どもオーケストラとの交流を深めてきました。二〇一七年にはスタートしてから六年目の年となります。

バイオリンパートのあかりさんは、音楽祭などの大きなコンサートのうらでたくさんのスタッフが動いていることを知って、感謝《かんしゃ》をすることの意味合いが自分のなかで少し変《か》わってきたと書いています。

「私《わたし》は今まで『ありがとう』と言うことだけが感謝《かんしゃ》の意味だと思っていまし

たが、コンサートはたくさんの人の支《ささ》えがあってできることがよくわかりました。これからはいろんな人に心から感謝《かんしゃ》をしなければいけないと思っています」

音楽とは、おおらかで、底《そこ》の見えない穴《あな》のように奥深《おくぶか》く、ときに言葉よりもずっと自分の感情《かんじょう》に近いところによりそってくれるもの、です。

相馬のおだやかなくらしをひっくり返してしまった二〇一一年の巨大《きょだい》なゆれと原発事故《じこ》は、子どもたちの心も大きくゆさぶりました。非常事態《ひじょうじたい》のなかで、ぞくぞくと福島《ふくしま》へやってきた取材陣《しゅざいじん》から、震災《しんさい》後のくらしや現在《げんざい》の気持ちについてたずねられても、子どもたちはつらかったかもしれません。

そんなときに音楽は「無理《むり》に話すことはないよ」と、そっとそばにいてくれるものでした。

言葉は、音楽にはとうていかなわないときがあります。音楽の持つ、そういったふしぎな力を、子どもたちは教えられるまでもなく、演奏《えんそう》することで感じとっていました。音楽は、コンテストやコンクールといったせまい枠《わく》に押《お》しこめられるようなものでも当然《とうぜん》なく、もっと広く、大きな意味を持つもの。協力《きょうりょく》し合ってハーモニーをひびかせれば、てんでばらばらになってしまった心や地域《ちいき》も結《むす》びなおしてくれる、何ともふしぎな力を持ったものであることを――。

「オーケストラは乗りものだよ。それに乗って、みんなで工夫《くふう》しながら目指す未来《みらい》へ向かうのがエル・システマなんだ！」

音楽のたとえ話をするのがとても上手なベネズエラの子どもたちは、エル・

システマをこんなふうに表現《ひょうげん》します。

相馬の子どもたちも、オーケストラという乗りものに、今では幼稚園《ようちえん》生から高校生までの七十人ほどで乗りこみ、一緒《いっしょ》に未来《みらい》へ向かっています。

いずれ音楽の道に進みたいと夢《ゆめ》を語る子も出てきました。音楽大学に進学したい。音楽の先生になりたい。大学生になったら、エル・システマのフェローになって子どもたちを教えたい――。

「相馬が大好《だいす》きなので、この活動で地域《ちいき》を元気にしていきたいです。オーケストラで人を笑顔《えがお》にできるのはすばらしいことだと、最近《さいきん》思うようになりました。それがやりがいだと思ってやっています。エル・システマを通じた友だちがすごく増《ふ》えました。将来《しょうらい》は音楽にたずさわる仕事がしたいです。エル・システマでは外国の方と触《ふ》れ合《あ》う機会《きかい》も多いので、英会話《えいかいわ》も勉強したい」、ビオラパートの朱音《あかね》さんは、そう夢《ゆめ》を語ります。

同じくビオラの冬華《ふゆか》さんも、「エル・システマは年のちがった仲間《なかま》とでも、一つの目標《もくひょう》に向かって一緒《いっしょ》に努力《どりょく》したり、協力《きょうりょく》したりできる場所。ドイツ公《こう》演《えん》で一体感はいっそう強まったと感じています。音楽は人と人とを笑顔《えがお》で結《むす》ぶすばらしい魔法《まほう》。将来《しょうらい》は音楽のように、人の役に立てる仕事、人の心によりそう仕事がしたいと思うようになりました」。

日本ではじめてのエル・システマの教材《きょうざい》を一からつくりあげてきた浅岡《あさおか》先生は、自分が子どものころに受けたかった音楽プログラムを相馬で形にしてきました。

「ぼくも相馬に生まれたかったなぁ。まだまだ目指す理想にはほど遠いですが、彼《かれ》らがより良《よ》くしていってくれると思っています。この環境《かんきょう》で育ったら、将来《しょうらい》は絶対《ぜったい》ぼくより良《よ》い音楽家になるわけで……」

浅岡先生は、少し間《ま》をおくと、笑《え》みをうかべてこう続《つづ》けました。

「だから楽しみですよね。どんどん良《よ》くなっていけばいいな――」

震災《しんさい》の影響《えいきょう》で夫《おっと》とお姑《しゅうとめ》さんを続《つづ》けて亡《な》くした須藤《すとう》先生は、エル・システマの子どもたちからもらった元気ははかり知れないと話します。

「大変《たいへん》なこともあったけど、子どもたちに出会えてから毎日がいそがしくて、楽しくて、本当にあっという間です。いちばん救《すく》われたのは私《わたし》だと思いますよ。子どもたちがフェローになるまであと少し。がんばります」

子どもたちがどんどん頼《たの》もしくなるなかで、岡崎《おかざき》先生も夢《ゆめ》を見ていました。

「じっくり根を張《は》る活動ができればいいよね。なかにはすごく音楽に興味《きょうみ》を持っている子もいるのよ。願《ねが》いはこのなかから世界へはばたいていく子が出てね、相馬のエル・システマで育ちました、って。ドゥダメルさんじゃないけど。ベルリンフィルにはエル・システマで育ったベネズエラの子たちがたくさんいるんですよ」

♪

がっちりシステム化されている日本の音楽教育は、広くとびらが開かれているかと言えば、かならずしもそうではないようです。菊川《きくがわ》さんは、そこに注目してきました。エル・システマではできるだけ壁《かべ》をつくらないように意《い》識《しき》して、活動を広げていきたいと考えてきたのです。

その結果《けっか》、エル・システマでは弦楽《げんがく》も、合唱《がっしょう》も、吹奏楽《すいそうがく》も、クラシック音楽も、民謡《みんよう》も、幼稚園《ようちえん》の子も、高校生も、市の教育委員会も、音楽団体《だんたい》のえらい人たちも――、わけへだてなくつながり合い、一緒《いっしょ》に音楽をかなでてきました。エル・システマの子どもたちが総出演《そうしゅつえん》する「エル・システマ子ども音楽祭in《イン》相馬」では、地元のコーラスグループだって参加《さんか》して二百人の大合《がっ》唱団《しょうだん》で『ハレルヤ』を歌っちゃうのです。

心を閉《と》ざしてしまい、かかわらない方が楽だと思ってしまうような人間関《かん》係《けい》も、ねばり強く話し合い、ていねいにつないでいくことで、いろんな人をまきこんでいきたい。日本ユニセフ協会《きょうかい》に転職《てんしょく》するまで、国連機関《こくれんきかん》で九年近くアフリカ支援《しえん》の仕事をしていた菊川さんは、南アフリカで生活に根づいた音楽のとてつもないパワーを感じた経験《けいけん》がありました。その経験《けいけん》からも、日本で最高《さいこう》の音楽をやっていくためには、みんなで一緒《いっしょ》にやっていかないことには意味がない。菊川さんのいちばんのこだわりはそこにありました。

菊川さんは、エル・システマに取り組みはじめてから、一つ気づいたことがあると話します。

「音楽は、スポーツとちがって百人でも二百人でも参加《さんか》できるのが結果的《けっかてき》に良《よ》かったなと思っています。野球なら九人、サッカーなら十一人と決まっていますけど、音楽にそういう制限《せいげん》はないですよね」

オーケストラという乗りものには、たとえ百人が順番《じゅんばん》を待っていたとしても、定員オーバーはありません。乗りたい人はみんな乗ることができるのです。

♪

岡崎先生はこれまでみんなで前を向いて進んでこられたのは、音楽をテーマにした取り組みだったからこそ、と考えます。

「やっぱり音楽ってさ、過去《かこ》のことにあんまりこだわらないで、どんどん先のことを考えるものでしょ。失敗《しっぱい》したとしても、それはそのまま過去《かこ》のことになる。人生そのものもね、なるべく前を見ようっていうのが音楽の本来のスタイルだから、ぼくはそれでいいと思っている。いつも前を見る。つねに前に集中する。そういった緊張感《きんちょう》のなかで、いろんなイマジネーションがどんどん広がっていく。時間の表現《ひょうげん》ってそういうことですよね」

作品のなかを生きられるのは、演奏《えんそう》のはじまりから終わりまでのかぎられたひととき。だから、そのときのしあわせを何度でも味わいたくて、また演《えん》奏《そう》したくなってしまう。子どもたちがいつも前へ進めたのは愛情《あいじょう》深いスタッフの力ももちろん大きいのですが、バッハにヘンデル、モーツァルト、ベートーベン、チャイコフスキー、ドボルザーク――、めくるめく時代を生きた大作曲家たちの力もあったのでしょう。彼《かれ》らが命をかけて残《のこ》した名曲も、子どもたちをみちびく力となっていることはまちがいありません。

♪

相馬に続《つづ》いて、二〇一四年には岩手県《いわてけん》の大槌町《おおつちちょう》がエル・システマジャパンと協力協定《きょうりょくきょうてい》を結《むす》びました。大槌町は相馬よりもこぢんまりとした海辺《うみべ》の町です。井上《いのうえ》ひさしさん原作の人形劇《にんぎょうげき》「ひょっこりひょうたん島」のモデルとも言われる蓬莱島《ほうらいじま》が、まちの前に広がる大槌湾《おおつちわん》にうかんでいます。東日本大震《だいしん》災《さい》では人口の十分の一に近い千二百人以上《いじょう》が犠牲《ぎせい》となり、東北のなかでももっとも被害《ひがい》が大きかった市町村の一つでした。町民《ちょうみん》の多くはいまだに仮設《かせつ》住宅《じゅうたく》にくらし、やむをえず町をはなれた人も少なくありません。

相馬とはまたちがう状況《じょうきょう》の町で弦楽《げんがく》教室が立ちあがり、学校の吹奏楽部《すいそうがくぶ》への支援《しえん》がはじまりました。弦楽器指導担当《げんがっきしどうたんとう》として立ちあげから二〇一六年の四月まで力をつくした山本綾香《やまもとあやか》さんは、あのドゥダメルさんとの公開リハーサルで通訳《つうやく》をつとめた初代《しょだい》フェローです。大槌でも、地域《ちいき》のいろんな子どもたちが集まり、新しい物語が生まれています。

近いうちに今度は東北ではなく、中部地方に日本では三番目となるエル・システマの活動拠点《きょてん》が立ちあがる予定もあるそうです。ベネズエラとの交流が深い長野県《ながのけん》の駒ヶ根市《こまがねし》です。日本のまんなかを走る三千メートル級の美しい山々、中央アルプスと南アルプスをどちらもながめることができる、風光《ふうこう》明媚《めいび》なまちです。

オーケストラという乗りものを待っている子どもたちは、きっと日本全国にたくさんいることでしょう。乗車券《じょうしゃけん》はいりません。やってみたいという気持ちだけで十分。だれでも大歓迎《だいかんげい》です。

いつの日か、あなたの住むまちにもエル・システマがやってくるかもしれません。そのときはぜひ乗客の一人としてオーケストラに乗りこんでみてくださいね。エル・システマにはたくさんの仲間《なかま》たちと音楽を楽しむヒントがいっぱいかくされていますから。

♬ あとがき

私《わたし》が最初《さいしょ》に相馬《そうま》の子どもたちに出会ったのは、二〇一三年の暮《く》れのことでした。東京《とうきょう》のThink the Earth《シンク・ジ・アース》という団体《だんたい》が運営《うんえい》するニュースサイトの「地球リポート」というコーナーで、相馬のエル・システマの活動を紹介《しょうかい》することになったのです。私《わたし》はそのときはじめて福島《ふくしま》駅から高速バスにゆられて、相馬市を訪《おとず》れました。子どもオーケストラと子どもコーラスのはじめてのコラボレーションとなったクリスマスコンサート。家族や地域《ちいき》の人たちに見守られた子どもたちの晴《は》れ姿《すがた》が、とても初々《ういうい》しくてかわいらしかったことを、今でもよくおぼえています。

それから三年後の二〇一六年の夏、出版社《しゅっぱんしゃ》の方から突然連絡《とつぜんれんらく》をいただきました。

「相馬の子どもたちがドイツでベートーベンを弾《ひ》くまでの四年間をまとめた本を出したいのですが、岩井《いわい》さんに書いていただけないでしょうか？」

私《わたし》はすっかりうろたえてしまいました。私《わたし》は音楽に特別《とくべつ》くわしいわけでもないですし、相馬で長く取材《しゅざい》を続《つづ》けていたわけでもなかったので、ほかにふさわしい書き手はいくらでもいるように思えました。お引き受けしていいものかどうかも、はじめは迷《まよ》ってしまいました。しかも、子ども向けの本です。

「やさしく書く」というのは、かいつまんで――ということでは決してなく、むしろ、よりその本質《ほんしつ》をつかんでいなければいけないことだけはわかりましたので、これは大変《たいへん》なことになったぞ、と思いました。

そんな私《わたし》の背中《せなか》を押《お》してくれたのが、編集《へんしゅう》を担当《たんとう》してくださった汐文社《ちょうぶんしゃ》の三浦《みうら》さんでした。「大丈夫《だいじょうぶ》ですよ。書けますよ」、いつも前向きな三浦さんの言葉に私《わたし》ははげまされました。その状況《じょうきょう》は、大人なのにちょっとはずかしいのですが、エル・システマで弦楽器《げんがっき》をはじめた子どもたちとよく似《に》ていたかもしれません。

やってみることで新たな世界が広がるということは、あるのですね。体験《たいけん》することではじめてわかる迷《まよ》いも気づきもありますし、すごく楽しくてしあわせなときもあれば、ちょっとくるしいときだってあります。うまくやりたいので、何度でも深く考えます。私《わたし》も本をはじめて書いてみて、そういった気持ちのくり返しをたくさん味わいました。

未知《みち》の道を歩んでいくのに、いちばん助けられるのは、ほめられたり、はげまされたりすること、です。浅岡《あさおか》先生や須藤《すとう》先生、後藤《ごとう》さん、菊川《きくがわ》さん、フェローのお兄さん、お姉さん。相馬の子どもたちはいつもまわりの大人たちからほめられ、はげまされる環境《かんきょう》にいて、ついにはベルリンでベートーベンの『交響曲第五番《こうきょうきょくだいごばん》』を演奏できたのです。

クラシック音楽の世界はこんなにもすばらしいのに、そこに気づく前に先生にガチガチにきびしく指導《しどう》されて、楽器《がっき》が嫌《きら》いになってしまうなんて大人の方がまちがっている――。そのことをはっきりと口にする浅岡先生。私《わたし》も三浦さんも、インタビューでは、何度もひざを打つ思いでした。こんなにまっすぐですてきな先生に私《わたし》も子どものころに出会いたかったなぁ！　浅岡先生に引《ひ》っ張《ぱ》られるようにして、表現《ひょうげん》のおもしろさや楽しさに目覚《めざ》めた相馬の子どもたちは本当に良《よ》かったなぁ。そう思わずにはいられませんでした。

相馬のエル・システマの誕生《たんじょう》は、それまでの仕事をやめてまでエル・システマに全力をそそぐことを決めた菊川さんが、相馬市の教育委員会を動かしたところからはじまりました。当時学校教育課《きょういくか》にいた佐藤《さとう》さんは、今では相馬市立向陽《こうよう》中学校の教頭先生になっていました。

「モノの支援《しえん》はやがてなくなります。でも、音楽はずっと残《のこ》る。音楽は人材《じんざい》交流ですから」、佐藤先生はそう言います。

「生きるか死ぬかのときに音楽は必要《ひつよう》ない。だからこそ、音楽をできるということは平和だということですよね。相馬の子どもたちも、いずれお世話になった支援者《しえんしゃ》や演奏家《えんそうか》の方たちの地元を訪《おとず》れて、恩返《おんがえ》しの演奏《えんそう》旅行にまわれたらいいですね。そんな話を菊川さんとしていました」

二〇一六年三月のドイツ公演《こうえん》ツアーでは、二人がそうやって話していた夢《ゆめ》が、まさに現実《げんじつ》になったのだと思うと、私《わたし》も胸《むね》が熱《あつ》くなりました。

私が書いたはじめての物語を最後《さいご》まで読んでくださったみなさんに心からの感謝《かんしゃ》を。最近《さいきん》はネットに文章をのせることも多くなりましたが、紙の本につぎこむエネルギーと時間の濃密《のうみつ》さを愛《いと》おしく感じた半年間でした。エル・システマに希望を感じて集まった、すばらしいスタッフのみなさんを深く知る機会をいただき、本当にしあわせなお仕事でした。

最後《さいご》に、ベネズエラの子どもたちの様子を生き生きと語ってくれた真澄《ますみ》ちゃん、今回の本に関《かん》しては、はじめから終わりまで助けてもらって本当に心強かったです。ありがとう！

岩井《いわい》 光子《みつこ》

♬ ドゥダメルさんのスピーチ

物語のなかにも登場したエル・システマ出身の人気指揮者《しきしゃ》、グスターボ・ドゥダメルさん。二〇一七年は歴史あるウィーン・フィルハーモニーニューイヤーコンサートで、歴史上もっとも若《わか》い指揮者《しきしゃ》としてタクトをふり、全世界のクラシックファンの注目を集めました。

そのドゥダメルさんが育ったベネズエラは今、国の経済《けいざい》が非常《ひじょう》に苦しい状況《じょうきょう》におちいっています。多くの人が仕事を失い、スーパーの前には長い行列ができ、病院には薬がありません。まちなかではマドゥロ大統領政権《だいとうりょうせいけん》に反対するデモがくり返し起き、国の手厚《てあつ》いサポートを受けて順調だったエル・システマの運営《うんえい》もまさに大きな試練のときをむかえています。

日本でエル・システマの音楽教育に参加している子どもたち、そして、この本を読んで「エル・システマってなんかおもしろそう！」と関心を持ってくれた人たちに、相馬《そうま》の子どもたちも大好きなドゥダメルさんの言葉を届《とど》けたいと思い、このスピーチを最後に掲載《けいさい》します。

ドゥダメルさんの言葉には、音楽と子どもたちへの深い信頼《しんらい》と愛情《あいじょう》があふれていて、相馬のエル・システマを支《ささ》える人たちにも通じる強い信念があると思いました。

※二〇一六年九月二十二日、アメリカのワシントンＤ《ディー》・Ｃ《シー》・で開かれた「二〇一五年アメ

リカ国民芸術勲章《げいじゅつくんしょう》文化勲章《くんしょう》授章式」のスピーチは、スペイン語で行われました。国際《こくさい》交流NGOピースボートのスタッフとして十年以上ベネズエラのエル・システマの子どもたちを支援《しえん》してきた松村真澄《まつむらますみ》さんに訳《やく》してもらいました（以下スピーチ文。一部割愛《かつあい》。原文および英文はGUSTAVO DUDAMEL公式サイトに掲載《けいさい》）。

♪ ♪ ♪

音楽は私《わたし》の言葉です。この言葉を通してオペラやシンフォニーなどを指揮《しき》するのが私《わたし》の仕事です。しかし今夜、私《わたし》の前にオーケストラはいません。観客のみなさんに対し、音楽ではなく言葉でスピーチを読みあげることをお許《ゆる》しください。

どこの国の言葉でも、はじめに学ぶ言葉は「ありがとう」でしょう。私《わたし》も、このすばらしい名誉《めいよ》に対し、感謝《かんしゃ》の言葉からはじめたいと思います。今夜、すばらしいクリエイター、ヒューマニスト、そして尊敬《そんけい》すべきゲストのみなさんのなかにいるのは恐《おそ》れ多《おお》いことですが、よろこびの気持ちでいっぱいです。

もちろん、私《わたし》一人だけで感謝《かんしゃ》するべきではないと感じています。アメリカでのくらしをきずいてきた、何百万ものラテンの人々と一緒《いっしょ》に感謝《かんしゃ》をしなければいけません。

一つのエピソードがあります。ささやかですが、私《わたし》にとっては、とても大切なお話です。私《わたし》は、LAフィルの指揮《しき》をはじめる前から、YOLA《ヨーラ》の設立《せつりつ》に向けて取り組んできました。最初の取り組みは南中央ロサンゼルスではじまりました。当時、この地域《ちいき》はもっとも問題のある地域《ちいき》の一つでした。

アダムという十二さいの男の子に出会ったのはその場所でした。アダムはお母さんのトレイシーと二人で治安の悪い地区にくらしていました。彼《かれ》は、子どもオーケストラのためのオーディションが行われると知り、お母さんを連れて現《あらわ》れました。「LAフィルの打楽器奏者《そうしゃ》になるのが彼《かれ》の夢《ゆめ》」と教えてくれたのは、彼《かれ》の母親でした。

アダムと私《わたし》はそれぞれちがう場所からやってきましたが、同じ何かを持っていました。それは夢《ゆめ》でした。私《わたし》たちは同じ夢《ゆめ》を持っていたのです。

何カ月かたって、アダムがはじめて出演《しゅつえん》するYOLA《ヨーラ》のコンサートが行われました。コミュニティーのための無料コンサートで、場所はみなさんもよくごぞんじのハリウッドボウル（ロサンゼルスの野外劇場）でした。*ジョン・ウィリアムズ、*クインシー・ジョーンズをはじめとする一万八千人が参加していました。

私《わたし》にとっても、LAフィル音楽監督《かんとく》としてのはじめてのコンサートであり、アダムと同じように、こわかったのです。

考えてみてください。*レナード・バーンスタインや*バン・クライバーン、*ジミ・ヘンドリックス、*フランク・シナトラ、*エラ・フィッツジェラルド、*ルイ・アームストロングが

ジョン・ウィリアムズ　「スター・ウォーズ」「ジュラシック・パーク」など大ヒット映画のテーマ曲を数多く世に送り出したアメリカ人作曲家

クインシー・ジョーンズ　アメリカ人の音楽プロデューサー、作曲家。グラミー賞をはじめ、数多くの賞をさらった。マイケル・ジャクソンのプロデューサーとして知られる

レナード・バーンスタイン　ニューヨーク・フィルハーモニーの黄金期をきずいたアメリカ人指揮者

バン・クライバーン　名前を冠した国際ピアノコンクールでも知られるアメリカ人ピアニスト

ジミ・ヘンドリックス　「ジミヘン」の愛称で知られるアメリカの人気ロックミュージシャン。二十七さいで亡くなった

フランク・シナトラ　俳優としても活やくしたアメリカを代表する人気歌手

エラ・フィッツジェラルド　アメリカを代表する女性ジャズシンガー

ルイ・アームストロング　独特のかすれた歌声が魅力のニューオーリンズ出身のジャズ・ミュージシャン。愛称は「サッチモ」

かつて立ったステージに立つのは、そんなにかんたんなことではありません。アダムがその伝説の人たちがだれか、知らなかったとしても。

ほとんどの観客のみなさんにとって、ハリウッドボウルは日常《にちじょう》のなかでふらっと立《た》ち寄《よ》れる場所でしょう。アダムの家からここまでは十一マイル（約十八キロ）もあり、人生でもっとも大切な旅の一つだったのです。わかりやすく言えば、南中央ロサンゼルスを午後に出発した少年は、帰るときにはまるで別人のように成長していました。

私《わたし》たちの*ユリシーズ、ちっちゃなヒーローが、ドラムのスティックを持ち、希望に向かって一歩をふみ出したのです。

今夜、このすばらしい会場は、感動でみたされています。観客のみなさん、数カ月前に出会ったときはシャイだった男の子が、その夜は別人のように私《わたし》の前で情熱《じょうねつ》をもって演奏《えんそう》し、自分でビートをきざんで精《せい》いっぱい表現《ひょうげん》しました。私《わたし》をふくめた一万八千人を感動させた少年の話をおわかりいただけたと思います。

私《わたし》の先生、ホセ・アントニオ・アブレウ博士《はかせ》はかつてこう話しました。現代《げんだい》世界のもっとも悪いあやまちは、子どもたちから美しいものへのインスピレーションをうばうことだ、と。明らかに私《わたし》たちはむずかしい時代を生きています。世界各地で財政《ざいせい》の状態《じょうたい》がよくないので、学校の予算もけずられます。最初に行われることは、芸術《げいじゅつ》や音楽の予算をけずること。なぜなら芸術《げいじゅつ》は、「欠かせないもの」と見なされていないからです。

でも、それはちがう。

芸術《げいじゅつ》はぜいたくなもので、危機的状況《ききてきじょうきょう》ではのぞかれるべきだ、と考える人がいます。彼《かれ》らは、そういうときこそ芸術《げいじゅつ》へのアクセスを閉《と》ざすことは許《ゆる》されざる罪《つみ》であることを理解《りかい》しなければなりません。

私《わたし》の愛するベネズエラは、まさに今、そのような危機的状況《ききてきじょうきょう》におかれています。人びとは、

ユリシーズ　ギリシャ神話の英雄オデュッセウスの英語名

食べるもの、薬、生活に必要なものを探《さが》しもとめ、日々くらしています。

ベネズエラでも同じ議論《ぎろん》が起こっています。生活に必要なものにも手が届《とど》かないときに、どうやって音楽や芸術《げいじゅつ》を楽しむお金を手に入れたらいいのでしょうか。

最近、こんな質問《しつもん》を投げかけられました。「エル・システマはベネズエラを救うことができるか」。でも、私《わたし》には、「ベネズエラはエル・システマを救うことができるか」という質問《しつもん》がしっくりきます。ベネズエラの人々、彼《かれ》らの希望にとって、大切な問題はそこなのです。ベネズエラが今のような経済危機《けいざいきき》におちいってから、エル・システマが夢《ゆめ》を失ってしまった人びとをずっと勇気づけてきたことは、まちがいないのです。

芸術《げいじゅつ》はたましいをやしないます。子どもたちは、未来へつながる橋をデザインするために建《けん》築《ちく》を学び、その基本《きほん》を計算するために上手に数学を利用します。サイエンスを通して人間性《にんげんせい》をやしない、筋力《きんりょく》をつけ、スポーツを通してからだの限界《げんかい》について知るでしょう。芸術《げいじゅつ》も同じように命にかかわるもの。芸術《げいじゅつ》がなければ、人間性《にんげんせい》が消えてしまいます。そこを理解《りかい》すべきなのです。

*アルタミラの洞《どう》くつから*ジャクソン・ポロック、*シュメール人の賛美歌《さんびか》からラップ音楽、*リン・マニュエル・ミランダの『*ハミルトン』のような勇敢《ゆうかん》で心に残る歌詞《かし》まで、芸術《げいじゅつ》は人間の人生の大事な旅によりそってきたのです。

心が健全であることは、からだが健康であるということと同じくらい重要です。私《わたし》たちは、健康なからだを保《たも》つことを目的に精神《せいしん》をやしなうべき、と考えます。

私《わたし》の仕事は音楽ですが、使命《ミッション》の対象は子どもたちです。とりわけどのように彼《かれ》らに教えるか、が重要です。そして、貢献《こうけん》すればするほど、次の世代に引きつがれていくと確信《かくしん》しています。

アルタミラの洞くつ　スペイン北部にある洞くつ。旧石器時代に描かれた動物の壁画で知られる

ジャクソン・ポロック　キャンバスを床におき、絵の具を空中からたたきつけるような「アクション・ペインティング」の描き方で知られるアメリカ人の画家

シュメール人の賛美歌　およそ三四〇〇年前に書かれた世界最古の音楽作品と言われる

リン・マニュエル・ミランダ　プエルトリコ系移民の音楽家

『ハミルトン』　アメリカのブロードウェイで大人気だったミュージカル

子どもたちに未来を用意したい、でもここに問題があります。このめくるめく世界において、未来がもたらすものが何か、わからないということです。数学がふくまれていくことはたしかでしょう（現代《げんだい》のように！）。そしてもちろん、精神《せいしん》をはぐくんでいかなければなりません。子どもは精神《せいしん》だけではないのです。たましいなのです。私《わたし》たちはたましいをも、やしなわなければなりません。

ここにいるすべての方々が、未来における芸術《げいじゅつ》をつくり、広げていけたら――。だからこそ、ロサンゼルスのアダムのように、子どもたちの夢《ゆめ》や心に投資《とうし》しようと呼《よ》びかけたいのです。何百万の子どもたちが彼《かれ》のように希望と美を探《さが》しもとめることができるのです。*シラーが言うように、「美は人々を結ぶただ一つのコミュニケーションの形」です。これはすべての人に共通だということを言っているのです。

人類がこの世に誕生《たんじょう》し、壁《かべ》に絵を描《えが》きはじめてから、私《わたし》たちは表現《ひょうげん》というものと強くつながっています。将来《しょうらい》どのようなテクノロジーを使い続けているのかはわかりませんし、どんな変化が待ち受けているかわかりません。Facebook《フェイスブック》やポケモンGO《ゴー》、Twitter《ツイッター》もどうなっているかはわかりません。コンピューターが消えてしまうかもしれないし、まったくちがう何かが生まれているかもしれません。未来は予測《よそく》できません。

しかし、どんな未来がやってくるとしても、私《わたし》たちが気持ちを表現《ひょうげん》し続けなければならないということは永遠《えいえん》に変わりません。それが芸術《げいじゅつ》なのです。

芸術《げいじゅつ》は未来です。
さぁ、芸術《げいじゅつ》を育て、だきしめ、のばす環境《かんきょう》をつくりましょう。
もう子どもたちは準備《じゅんび》ができています。

ありがとうございました。

シラー　フリードヒ・フォン・シラー。ゲーテと肩を並べるドイツ古典主義の詩人

著／岩井光子（いわい みつこ）
1972年、群馬県前橋市生まれ。国際基督教大卒。一般社団法人「Think the Earth」のウェブマガジン“think”の地球ニュース編集のほか、一般誌やウェブメディア、ラジオなどでサステナビリティやSDGsをテーマにした記事や企画に多く関わる。高崎市在住。

カバー・本文写真／田頭真理子（たがしら まりこ）
1980年、広島県尾道市生まれ。写真家として雑誌・広告など幅広い分野で活躍。東日本大震災以降は東北地方の人びと、風景を撮り続けている。エル・システマジャパンの活動を2013年から撮影し、各種イベントや演奏旅行にも同行している。

カバーデザイン／根本眞一（クリエイティブ・コンセプト）

地図／明昌堂・PIXTA

参考文献など

『世界でいちばん貧しくて美しいオーケストラ―エル・システマの奇跡』トリシア・タンストール　原賀真紀子・訳、東洋経済新報社、2013年9月
『突破する教育―世界の現場から、日本へのヒント』池上彰・増田ユリヤ、岩波書店、2013年11月
雑誌『考える人　2014年秋号―特集　オーケストラをつくろう』新潮社、2014年10月
WEBマガジン『Webでも考える人―震災5年　恩返しの旅　相馬からドイツへ』中村真人、新潮社　http://kangaeruhito.jp/articles/-/1632
WEBマガジン『dacapo―世界を驚かせる音楽教室　エル・システマのキセキ3』マガジンハウス　http://dacapo.magazineworld.jp/music/155450/

未来《みらい》をはこぶオーケストラ
福島《ふくしま》に奇跡《きせき》を届《とど》けたエル・システマ

2017年3月　初版第1刷発行
2025年6月　初版第4刷発行

著　岩井光子

発行者　三谷 光
発行所　株式会社 汐文社
東京都千代田区富士見1-6-1
富士見ビル1F　〒102-0071
電話：03-6862-5200　FAX：03-6862-5202
印刷　新星社西川印刷株式会社
製本　東京美術紙工協業組合　JASRAC 出 1702165-302

ISBN978-4-8113-2377-0　乱丁・落丁本はお取り替えいたします。